DÉZINGUE TES MAUVAISES HABITUDES !

Publié pour la première fois aux États-Unis par Viking, un département de Penguin Randon House LLC, sous le titre *Badass Habits*

Jen Sincero

Dézingue tes mauvaises habitudes !

Traduit de l'anglais (États-Unis) par Valentine Vignault

ta vie… en mieux !

MARABOUT

À notre mère la Terre.

SOMMAIRE

INTRODUCTION

Quand j'ai décidé d'écrire un livre sur les habitudes, le sujet semblait être la suite logique et naturelle de ma série Badass. Dans le premier opus, *Tu vas tout déchirer !*, j'ai cité ce truisme : « Nos pensées deviennent nos mots, nos mots deviennent nos credo, nos credo deviennent [...] nos habitudes et nos habitudes deviennent notre réalité. » Les habitudes étaient la dernière inconnue de l'équation qu'il me restait à aborder, et j'avais hâte de m'y coller. Du moins, jusqu'à ce que cette conversation avec moi-même ait lieu et vienne me peser sur la poitrine.

Moi. – Les habitudes, bon sang, mais c'est bien sûr ! Ce sont elles qui sculptent notre réalité ! Trop bien, putain, je vais en faire un livre.

Moi, dégustant une assiette de frites, quelques jours après avoir décidé de manger light. – Est-ce que je vais raconter comment se payer un abonnement à un club de sport et ne jamais y aller ? Ou comment ne pas arrêter de dire des gros mots ? Parce que je pourrais en faire un livre, bordel.

Moi. – Oh là là, mais tellement. Mes habitudes sont à chier. J'ai cru quoi, là ? J'ai autant d'autodiscipline qu'un enfant de 2 ans.

J'ai commencé à lister toutes les raisons expliquant pourquoi je n'avais ni les qualifications, ni la capacité, ni le droit d'écrire ce livre ; à détailler comment j'allais flinguer ma marque de fabrique, comment j'allais insulter mes lecteurs, comment mon éditeur allait me réclamer de lui rendre l'argent. Et puis je me suis dit : « Tiens, là tout de suite, j'excelle dans une certaine habitude très humaine, la plus infecte de toutes : me concentrer sur le négatif. Je laisse de côté le fait que je n'ai pas fumé depuis plus de vingt ans alors que j'ai plus d'amour pour la clope que pour la plupart des gens ; j'omets aussi que je suis une personne extrêmement accomplie à divers points de vue : utilisation du fil dentaire, hydratation, gratitude, écriture, lit fait au carré, méditation, arrivée à l'heure aux rendez-vous. Et puis je préfère une randonnée en haute montagne à une salle de sport qui schlingue. » Mais pour les gros mots et la friture, en revanche, il me reste du boulot.

Si vous lisez ce livre avec un tant soit peu de scepticisme concernant votre capacité à vous tenir à une habitude, je voudrais vous rappeler que personne n'est parfait. Et qu'on peut vraiment faire tout ce qu'on veut quand on l'a décidé (y compris des choses qu'on avait fait semblant de décider par le passé). Nous avons tous tendance à nous dévaloriser et à ruminer nos échecs au lieu de célébrer nos victoires. Même les rock stars ou les chefs d'entreprise qui ont réussi reconnaissent qu'ils se laissent parfois malmener par la négativité. J'en ai entendu quelques-uns raconter que, de temps en temps, ils oublient combien ils adorent ce qu'ils font et ignorent les plébiscites et les éloges dithyrambiques pour concentrer toute leur attention vers la boule puante jetée sur Instagram par un commentateur haineux ; à celui-là, ils tendent le mégaphone et laissent son opinion couvrir les acclamations de la foule.

En d'autres termes, si vous êtes dubitatif, pas d'inquiétude. Il y a de bonnes chances pour que vous soyez bien meilleur que ce que vous croyez avec cette histoire d'habitudes.

Pour avoir la mentalité positive qui vous donnera la force d'améliorer vos habitudes, vous devrez rester en éveil ; savoir déplacer votre attention quand vous vous surprenez à errer dans la rue Pauvre-de-moi et renouer consciemment avec des pensées correspondant à votre but et à la personne que vous souhaitez devenir. Pour acquérir de super habitudes et laisser tomber les plus pourries, votre plus grande force résidera dans votre engagement à rester focalisé sur la personne que vous devenez. Et ce, *quels que soient votre point de départ et la personne que vous êtes pour l'instant.*

Contrairement à une idée répandue, les habitudes relèvent plus de ce que vous êtes que de ce que vous faites.

L'une des principales raisons qui nous empêchent d'adopter les habitudes qui nous font de l'œil ou de lourder celles que nous aimerions perdre, c'est que nous nous concentrons sur l'action – qui est importante – sans nous y connecter émotionnellement et mentalement, alors que c'est le plus important. Résultat, quand nos nouvelles habitudes deviennent exigeantes ou ennuyeuses (le passe-temps préféré de la plupart des habitudes, du fait de leur nature répétitive), nous les abandonnons pour quelque chose de plus facile. Ou quelque chose de plus marrant. Ou quelque chose qui nous fournira une gratification plus immédiate. Ou quelque chose de vraiment trop bon, trempé dans du ketchup.

Par exemple, vous avez essayé plusieurs fois de vous défaire de l'habitude de dépenser plus d'argent que vous n'en gagnez. Vous avez un boulot qui paye bien, vous mettez le gros de votre salaire sur votre compte courant, vous en épargnez une petite partie et vous établissez soigneusement votre budget chaque mois. Puis, malgré votre planification méticuleuse, vous finissez par réserver un voyage, comparer scientifiquement les meilleurs sites de vente de déco ou beugler jovialement : « C'est ma tournée ! » Avant d'avoir pu dire ouf, votre compte d'épargne s'est transformé en ville fantôme, et vous revoilà au téléphone en train de supplier Audrey, votre conseillère de banque, de vous accorder un découvert. Il y a de fortes chances pour que, au fond de vous, vous ayez la trouille d'arrêter ces dépenses excessives, parce que tous ces achats sont là pour combler un vide émotionnel. Ou peut-être que vous avez grandi dans une famille de paniers percés et que vous avez peur d'être jugé ou abandonné si vous brisez la tradition en vous reprenant en main financièrement. Quand on forge de bonnes habitudes, il est essentiel de se concentrer sur le pack complet : la tête, le cœur et les mains. Sans quoi, la méditation s'interrompt, les ongles recommencent à être rongés et, à la prochaine fête de famille passive-agressive, votre tranquille sobriété se transforme en : « OK, j'ai ma dose. On se lâche. »

J'espère que ce livre vous apportera de nouvelles perspectives sur la façon dont les habitudes se forment et vous aidera à dégager les obstacles que vous avez pu laisser s'installer sur votre route. J'espère aussi vous faciliter la mise en place de nouvelles habitudes et la destruction d'anciennes manies en décomposant un processus apparemment complexe pour le fractionner en petits exercices raisonnables que vous pourrez mettre en œuvre tranquillement, jour après jour. Ce que je vise, c'est que vous mettiez la machine en branle et que vous trouviez les outils qui fonctionnent le mieux pour vous, de façon à observer des résultats durables – le genre de résultats dont vous n'osez même pas encore rêver. Je suis une coach, pas une scientifique. Et rien ne m'émeut plus que d'assister à la réalisation d'un rêve. Vous voyez cette ceinture noire que vous avez fini par décrocher dans le grand karaté de la vie ? C'est grâce à VOUS. Tenez ma barquette de frites, il faut que je vous prenne en photo pour immortaliser cette victoire.

Je commencerai en expliquant rapidement ce qu'est une habitude, et comment ça fonctionne. Je vais vous aider à vous rendre compte des habitudes que vous avez déjà (les bonnes, les moins bonnes, les mauvaises), à déterminer lesquelles doivent disparaître, lesquelles vous aimeriez prendre et la personne que vous devez commencer à être pour réussir tout ça. Je vous apprendrai également à poser vos limites, pour que vous puissiez annoncer à votre entourage – et à vous-même – que vos besoins sont désormais votre priorité et que vous créez l'espace (émotionnel et physique) nécessaire pour vous épanouir. Eh oui, ce talent que vous allez développer (poser des limites) est une habitude que vous garderez (provoquant éventuellement un chœur de protestations indignées de la part de toutes celles que vous flanquerez à la porte).

Une fois que votre cœur et votre tête seront de la partie, je vous aiderai à choisir une habitude clairement définie sur laquelle travailler durant tout le livre. Je vous accompagnerai sur vingt et un jours pour ancrer cette nouvelle habitude ou en bannir une définitivement – au choix. Dans l'idéal, vous suivrez la méthode pendant trois semaines, histoire de tenir à distance le spectre du découragement, de donner à votre nouvelle habitude le temps de s'installer et de rendre ce travail aussi intéressant que possible. L'objectif est d'avoir une expérience interactive. Je veux que vous démarriez à fond la caisse pour commencer à être la personne qui vous enthousiasme *tout en lisant ce livre*, au lieu de vous contenter d'ingurgiter une somme d'informations sur la nature des habitudes.

Prenez un carnet vierge et consacrez-le exclusivement au travail que nous nous apprêtons à faire ensemble (pas de listes de courses dedans !). Commencez à cultiver votre nouvelle habitude à partir d'une page blanche en vous focalisant sur la nouvelle vie excitante qui vous attend, au lieu de laisser les échecs du passé troubler votre confiance en vous. Non seulement la personne que vous désirez devenir se trouve à votre portée, mais vous êtes voué à vous muer en cette version supérieure de vous-même. Sans quoi, vous n'en auriez pas le désir et vous ne vous fatigueriez pas à lire ce bouquin. Soyez convaincu des possibilités innombrables que chaque nouvelle journée recèle, et rappelez-vous :

À tout instant, vous êtes capable de faire des choix qui bouleverseront vos habitudes et votre réalité. Soit de façon immédiate, soit au fil du temps.

Faire des choix puissants qui peuvent changer le cours de votre vie est tout simplement une habitude. Une habitude que vous commencez à maîtriser.

J'ai arrêté d'être une feignasse et j'ai retrouvé la forme (Julie, 60 ans)

Mon médecin m'a dit que je risquais le diabète de type 2, qu'il fallait que je fasse plus d'exercice et que j'essaie de perdre un peu de poids. Ça ne me disait rien de devoir prendre des médicaments pour le restant de mes jours et je n'aimais pas non plus mes quelques kilos de trop qui me donnaient l'allure d'un vacherin. J'ai donc décidé que, tous les matins, qu'il pleuve ou qu'il vente, je caserais un quart d'heure de sport sur un tapis de yoga dans mon salon avant d'aller travailler. Ça ne devait pas être trop difficile, puisque c'était pour préserver ma santé. J'ai trouvé un programme d'exercices en ligne qui mélangeait yoga, étirements, musculation et cardio. Tous les matins, j'ai sorti mon tapis de yoga du placard. Et je me suis aperçue que, après quelques postures et quelques étirements, j'étais assez réveillée pour continuer un peu. J'ai fait des exercices de renforcement musculaire en utilisant le poids de mon corps, en me disant : « Mince ! Si je pesais moins lourd, ce serait moins difficile de soulever mon pétard de ce tapis ! » J'ai commencé par trois pompes, puis j'en ai fait cinq, puis dix. Désormais, je m'exerce environ une demi-heure tous les matins. Dès que je m'y suis mise, j'ai commencé à me sentir mieux dans mon corps et dans ma tête.

L'excitation des petits succès vous donnera de l'élan pour continuer vers la réussite.

Je me sentais plus forte. C'est ce qui m'a permis de rester motivée, et maintenant, j'ai hâte de faire ma séance de sport au moins cinq jours par semaine. En même temps, j'ai entamé un programme de rééquilibrage alimentaire en ligne qui m'a instruite sur les raisons psychologiques de ma façon de manger et m'a appris comment changer les habitudes que j'avais eues toute ma vie. Ça m'a ouvert les yeux. Passer de « manger sans réfléchir » à « manger en pleine conscience », c'était quelque chose. Je me suis accoutumée à regarder la nourriture que j'ingérais, au lieu d'avoir les yeux rivés sur la télé ; à faire une pause entre deux bouchées pour sentir le goût de ce que je mangeais au lieu de m'empiffrer. J'ai également appris à décoder ma faim. Quand j'avais envie de manger quelque chose, je me demandais : « Est-ce que j'ai vraiment faim ? Ou est-ce que je m'ennuie ? Est-ce que je suis stressée, triste ou nerveuse ? » J'ai aussi appris à ne jamais me retrouver dans le rouge sur l'échelle de la faim : ça veut dire qu'on va prendre n'importe quoi au premier distributeur ou plonger la main dans le paquet de gâteaux qui reste après la réunion du matin. J'ai découvert d'autres stratégies et d'autres trucs. Notamment, d'avoir toujours des choses bonnes et saines à manger dans mon sac, au travail et à la maison. Si une sortie au restaurant est prévue, je consulte le menu sur le site internet pour choisir à l'avance ce que je vais commander et je m'en tiens à cette décision. Autrement, on voit tout ce que les autres commandent et on explose le compteur de calories.

L'autre grand changement a été de me mettre à noter tout ce que je mangeais dans la journée, pour être plus consciente de mon alimentation. Et de me peser quotidiennement. Ça a l'air affreux, mais ça a fonctionné. Ça fait deux ans maintenant, et j'ai perdu sept kilos. Ça a pris un peu de temps, mais je n'en ai pas repris un seul. Je continue de me peser tous les jours et de noter ce que je mange. J'ai compris que cette manière de fonctionner me convenait. Bien sûr, il y a des jours où je dépasse allègrement le nombre idéal de calories, mais je n'en fais pas un drame. Je me contente de rééquilibrer le lendemain. Croyez-moi, j'adore manger, et je continue de manger ce que je veux. Je surveille simplement la taille de mes portions et j'essaie toujours de manger en pleine conscience.

CHAPITRE 1

LA PERSONNE QUE VOUS AVEZ COUTUME D'ÊTRE

Une année, mon frère Stephen et sa femme Jenny sont venus me rendre visite au Nouveau-Mexique pendant la Fiesta de Santa Fe, un festival qui attire des milliers de gens dans ma ville chaque automne. Nous n'avons pas pris part à ces festivités durant leur séjour, mais nous avons affronté les hordes de fêtards pour nous rendre dans le centre pour boire quelques margaritas. C'était une promenade de trois quarts d'heure à l'aller comme au retour et, après une charmante après-midi passée à siroter des cocktails, nous étions de retour chez moi au moment où le soleil se couchait. Nous étions dehors à admirer le ciel, légèrement enivrés par la tequila et la satisfaction béate d'être rentrés à pied, quand Jenny a porté la main à sa gorge comme si elle n'arrivait plus à respirer. Elle venait de comprendre avec horreur qu'elle avait perdu son pendentif en diamants, tombé de la chaîne qu'elle portait autour du cou.

Mon frère est aussitôt passé à l'action. « Je vais refaire notre trajet », a-t-il dit en scrutant méthodiquement le sol autour des pieds de Jenny avant de faire demi-tour pour remonter mon allée à pas lents. J'ai commencé à protester : la nuit serait tombée dans quelques minutes, et il s'imaginait pouvoir retrouver un diamant riquiqui au milieu des feuilles mortes, avec tous ces gens dehors. Mais Jenny s'est tournée vers moi : « Laisse-le faire. Il est étonnamment fort pour retrouver des trucs qui brillent. On dirait une pie. » Nous avons donc regardé Steve repartir, auréolé par la lumière de son téléphone et par l'excitation de la chasse au trésor.

De notre côté, Jenny et moi avons pris la voiture pour retourner au bar et ramper sous les tables en espérant retrouver son pendentif par terre. En chemin, nous avons dépassé Stephen qui, en nous entendant ralentir et klaxonner, s'est contenté de lever sa main libre pour nous saluer, ne voulant pas quitter le sol des yeux une seconde. Après quelques minutes passées à chercher en vain une place pour me garer, j'étais sur le point de renoncer quand nous avons reçu un texto de mon frère qui disait : « Je l'ai trouvé ! » Ce à quoi j'ai répliqué : « Je ne te crois pas. » Il a répondu avec une photo de lui au milieu de la rue, les bras posés sur les épaules de touristes qu'il avait convaincus de poser à ses côtés, tenant fièrement le pendentif de Jenny entre ses dents. Il nous a appris que le bijou n'était pas sur le trottoir, qu'il avait été projeté d'un coup de pied dans une allée, mais qu'il l'avait quand même trouvé. J'en suis restée comme deux ronds de flan et je n'en reviens toujours pas, mais Jenny s'est contentée de secouer la tête en répétant : « Je te l'avais dit. C'est une vraie pie ! »

Steve avait eu autrefois un boulot de trieur chez des diamantaires. Il passait ses journées dans une pièce appelée « la mine » avec d'autres trieurs, qui classaient d'énormes piles de diamants en fonction de trois critères (la taille, le carat et la couleur), en les saisissant chacun avec une sorte de pince à épiler pour les examiner à la lumière au travers d'une loupe. Pendant cette inspection, il n'était pas rare de serrer accidentellement la pince un peu trop fort et de catapulter le diamant à travers la pièce – *dzoïng !* – il atterrissait alors sur le lino d'une propreté douteuse, sur une étagère, voire dans les cheveux de quelqu'un. Impossible de savoir combien de pierres précieuses ont été ainsi égarées dans « la mine » au fil des années, mais les retrouver est devenu une chasse aux œufs de Pâques permanente, à laquelle Steve participait avec enthousiasme durant les deux ans où il a travaillé là-bas.

Et c'est ainsi que, dans le sous-sol d'un diamantaire sur la 47e Rue à New York, Steve est devenu le saint patron des trucs qui brillent égarés. À son impressionnant tableau de chasse se trouvent notamment une boucle d'oreille découverte par terre dans une épicerie fine surpeuplée, un bracelet repéré près d'un distributeur d'argent, un nombre incalculable de pièces de monnaie, de chaînettes, de clés, de montres, de pierres précieuses. Un matin en allant prendre le train, il a même retrouvé, au sommet d'un tas de neige, le collier que Jenny (la sainte patronne des fermoirs cassés) avait perdu trois mois plus tôt.

Steve ne s'était jamais focalisé sur les toutes petites choses brillantes égarées avant de travailler dans le milieu des diamantaires. Mais grâce à ce boulot, être toujours à l'affût (consciemment et inconsciemment) est devenu une habitude.

Les habitudes : on les suit sans se poser de questions. Des tendances ou des comportements routiniers. Du réflexe, de la réaction spontanée. Des croyances, des pensées et des actions qu'on répète en pilotage automatique.

Voici les éléments majeurs impliqués dans la création d'habitudes.

1. **Le déclencheur.** Chaque fois que Steve faisait une pause dans son travail, cela déclenchait son habitude de parcourir la pièce du regard en quête de diamants perdus. Les déclencheurs envoient des signaux à notre cerveau pour le prévenir qu'il est temps d'effectuer une action routinière. Ces déclencheurs peuvent être des bruits (la sonnerie d'un réveil déclenche notre sortie du sommeil et du lit), des actions (terminer de dîner déclenche l'envie de s'en griller une), des pensées (« il est 16 heures, ça me fait penser que je dois nourrir le chien »), des sensations (quand la température chute, vous vous frictionnez les bras pour vous réchauffer), des odeurs (lorsque vous sentez un parfum de barbecue chez vos voisins, vous passez chez eux l'air de rien : « Mince, je ne pensais pas que vous alliez passer à table. Je tombe mal ? »), des signaux visuels (voir une connaissance dans la rue déclenche le fait d'aller lui dire bonjour), ou des émotions (une contrariété qui vous pousse à manger une part de tarte aux cerises). Les déclencheurs enclenchent des réactions en chaîne qui ont pour résultat l'accomplissement d'une habitude. La séquence donne quelque chose de cet ordre :

2. **La séquence.** Nos corps sont des experts en résolution de problèmes, ils sont partout à la fois avec un bloc-notes pour s'assurer que tout fonctionne de la manière la plus efficace possible : faire affluer le sang là où l'on en a le plus besoin ;

digérer la nourriture ; guérir les fractures comme les égratignures ; faire pousser les cheveux, les ongles ; produire de la transpiration ; envoyer les maladies au tapis ; libérer un flot de larmes ou d'obscénités lorsque vous faites tomber votre téléphone dans la cuvette des toilettes. Les habitudes sont une manière pour le corps d'alléger la charge du cerveau, de résoudre les problèmes en pilote automatique afin de libérer de la place pour engranger plus d'informations et accomplir davantage de tâches. Les habitudes fonctionnent comme une sorte de séquence lancée par le déclencheur (monter en voiture), qui signale un besoin (je ne veux pas mourir), qui entraîne une habitude ou une réaction (boucler sa ceinture de sécurité) conduisant à la récompense (je me sens hors de danger). Voici d'autres exemples :

Déclencheur : votre chien entre dans la pièce.

Besoin : ressentir physiquement son ultra-mignonnerie.

Réaction/habitude : le câliner, le couvrir de bisous, faire l'imbécile.

Récompense : vous êtes content.

Déclencheur : vous rentrez du travail en voiture.

Besoin : vivre une vie plus longue et en meilleure santé.

Réaction/habitude : vous arrêter à la salle de sport et y transpirer pendant quarante-cinq minutes.

Récompense : vous êtes revigoré, avec le sentiment du devoir accompli.

Déclencheur : votre avocate vous appelle pour parler de votre divorce.

Besoin : ne pas fracasser d'assiette contre le mur.

Réaction/habitude : tourner en rond en marchant à grands pas et torsader une mèche de cheveux autour de votre index.

Récompense : vous vous sentez plus calme.

Ces trois exemples montrent comment les déclencheurs mettent l'habitude en marche, mais il est également possible de les utiliser pour vous aider à vous débarrasser de mauvaises habitudes, et je vous expliquerai comment procéder un peu plus loin dans le livre.

3. La répétition. Votre cerveau est comme une jungle où grouillent des images, des idées et des sensations qui grandissent, se tortillent et s'entremêlent à mesure que vous avancez dans la vie et que vous rassemblez toujours plus d'informations. Tous vos schémas de pensée, vos réactions instinctives et vos croyances sur la manière dont les choses fonctionnent se sont frayé des chemins à coups de machette dans cette jungle, des chemins bien balisés que vous empruntez tous les jours, sans avoir besoin de regarder où vous mettez les pieds. Lorsque vous décidez de changer quelque chose – « C'est fini, je ne vais plus être ce type paresseux et pas en forme vautré dans le canapé, je vais prendre le taureau par les cornes et changer d'habitudes » –, la répétition est l'outil que vous allez utiliser pour tailler les lianes à la machette, dégager les arbres tombés en travers de votre chemin et tracer un nouveau sentier à travers la jungle de votre esprit.

Au départ, la répétition de votre nouvelle habitude exigera un effort physique et mental. Mais quand vous les avez jouées trois cents fois, les gammes que vous vous escrimez à retenir et à exécuter au piano deviennent une seconde nature ; au bout de plusieurs décennies, nouer vos lacets vous réclame zéro réflexion ; et un « Cool, Raoul » sort tout seul de votre bouche après que vous avez passé votre vie à vous moquer de votre mère qui le disait tout le temps. J'ai tellement l'habitude d'appeler ma mère tous les matins au moment de monter en voiture qu'une fois, alors qu'elle était venue me rendre visite pour quelques jours et se trouvait à côté de moi, j'ai composé son numéro de téléphone !

Lorsque vous répétez quelque chose suffisamment longtemps, vous établissez dans votre cerveau de nouveaux circuits neuronaux, dans lesquels votre habitude finira par s'engouffrer automatiquement et sans effort, vous permettant de zapper totalement la question.

Prenez un moment pour penser à une chose avec laquelle vous avez dû batailler et qui est désormais un automatisme : utiliser votre téléphone ; vous raser ; frapper dans une balle de tennis ; conduire une voiture ; respecter le souhait de votre voisine Sarah de se faire appeler Fleur du Désert. Il vous sera pratiquement impossible de vous remémorer tous les petits détails que vous deviez garder en tête quand vous étiez en phase d'acquisition de ce comportement devenu une habitude : grâce à la répétition, vous avez littéralement modifié le câblage de votre cerveau.

4. La facilité. Plus les choses sont faciles, plus on est susceptible de les faire. Ça vaut pour les habitudes qu'on aimerait acquérir, celles dont on aimerait se débarrasser et celles dont on n'a même pas idée qu'on les avait adoptées (et qui constituent une proportion alarmante de nos comportements – merci Maman, merci Papa !). Mon frère n'a pas cherché à devenir le type qui trouve les machins brillants que la plupart des gens ne voient pas ; il a développé cette habitude parce que c'était facile, rigolo, et parce que tout le monde autour de lui le faisait. Il a répété cette action jour après jour, et il était tout content chaque fois qu'il trouvait quelque chose. Sans le faire exprès, Steve a suivi la règle d'or des habitudes : plus on facilite leur répétition (et plus on crée d'obstacles pour répéter celles qu'on veut dézinguer), plus on aura de succès.

C'est la raison pour laquelle l'instauration de nouvelles habitudes le matin au réveil vous permet souvent d'obtenir les meilleurs résultats : il est plus aisé de faire des choses avant que les distractions de la journée aient eu le temps d'y faire obstacle. C'est pour ça aussi qu'il est important de choisir de quelles personnes et de quels objets on s'entoure : c'est plus facile d'arrêter les sodas si l'on côtoie des gens qui n'en boivent pas et si l'on n'en a pas un stock chez soi ; c'est plus facile de faire du yoga s'il y a un cours juste au coin de la rue ; c'est plus facile d'avoir du succès si l'on fréquente des gens qui réussissent et montrent l'exemple ; c'est plus facile d'arrêter de regarder la télé si l'on a rangé la sienne au garage ; c'est plus facile d'avoir un point de vue négatif sur le mariage si l'on a été élevé par des parents divorcés et malheureux ; c'est plus facile d'accepter de manger du poisson au petit déjeuner si l'on vit au Japon.

5. La patience. La plupart des habitudes obtiennent un score minable à l'épreuve de la gratification immédiate. À l'exception de certaines, comme prendre une douche (« Un corps propre et revigoré ! »), faire son lit (« Ma chambre a l'air si bien rangée tout à coup ! ») ou prendre son petit déjeuner (« Je n'ai plus faim ! »), les habitudes réclament généralement un certain laps de temps pour produire le résultat désiré, ce qui les rend plus difficiles à acquérir : en effet, l'être humain aime les récompenses. Manger des lentilles au lieu d'un bol de crème glacée finira par vous aider à abaisser votre taux de cholestérol. À force de soulever de la fonte quotidiennement, vous finirez bien par obtenir des abdos en béton. Une demi-heure de méditation par jour vous permettra peut-être de vous sentir instantanément plus calme et centré. Mais vous commencerez certainement, pendant pas mal de temps, par vous demander à quoi ça peut bien servir. C'est pour cette raison qu'il est si important d'apprécier votre persévérance, si utile de garder la trace de vos progrès afin de mesurer le chemin parcouru, si encourageant de rester à l'affût de vos petites victoires : « J'ai craqué au bout de cinquante pompes. Avant c'était au bout de trente. C'est cool ! »

L'ancrage d'une habitude ressemble au déplacement d'un énorme tas de cailloux, gravillon après gravillon : votre action est infime, vous peaufinez vos gestes, c'est un peu plus facile au fil du temps et, au bout d'un moment, vous avez effectivement reconstitué un nouveau tas de cailloux. Les progrès ne sont pas toujours visibles du jour au lendemain.

Plus loin, je vais vous donner des astuces qui vous aideront à patienter et à maintenir le cap tandis que votre habitude prend son temps pour s'installer, mais je tiens à approfondir tout de suite le truc le plus important pour créer de nouvelles habitudes et apporter des améliorations notables dans votre vie :

Modifiez votre identité afin de correspondre aux habitudes que vous adoptez.

6. L'identité. La moitié des actions que nous réalisons chaque jour sont routinières : boire son café le matin, s'affaler dans le canapé, déblatérer sur son prochain, parler la bouche pleine, chercher des trucs brillants par terre, etc. Mais les habitudes sont responsables de bien davantage que les seules actions que nous effectuons. Nos croyances, nos pensées, nos paroles sont également des habitudes, qui façonnent et déterminent notre perception du monde, mais aussi notre identité, donc nos actions.

Quand on ne réussit pas à adopter durablement un comportement vertueux ou à bazarder pour de bon une habitude néfaste, c'est notamment parce qu'on se focalise sur le fait de changer ce qu'on fait (ou qu'on ne fait pas) sans s'assurer qu'on accueille cette habitude comme une nouvelle et précieuse composante de notre identité. Par exemple, si vous décidez de perdre quinze kilos et de lever le pied sur les cochonneries, que vous remplissez votre frigo d'aliments sains, que vous vous mettez au sport et que vous vous faites tatouer sur l'épaule « Si c'est gras, j'en veux pas », vous avez également besoin de devenir cette personne qui pèse quinze kilos de moins et roule tranquillement des mécaniques, façon : « Ben oui, voilà mon corps, voilà mes excellentes habitudes alimentaires. Pas de quoi casser trois pattes à un canard, les gars, je suis comme ça, c'est tout, c'est mon style. » Si, au contraire, vous vous identifiez à la version plus lourde de vous-même qui aurait miraculeusement perdu quinze kilos sans trop savoir comment, vous êtes plus susceptible de regrossir parce que vous continuerez à vous percevoir comme une personne ayant des problèmes de poids. C'est pour cette raison que des gens qui gagnent au Loto recommencent presque toujours à tirer le diable par la queue au bout d'un moment : parce qu'ils continuent de s'identifier à des personnes fauchées (« Moi ? Rouler sur l'or ? Qui l'eût cru ? J'attends encore de me réveiller et de retrouver ma vie normale, cette somme d'argent est complètement irréelle »), alors qu'ils sont devenus soudainement pleins aux as.

Chez les Alcooliques anonymes, en plus d'arrêter de boire, de cesser de fréquenter les bars et d'appeler votre parrain ou votre marraine chaque fois que vous vous sentez fléchir, on vous demande également d'ancrer votre identité chaque fois que vous prenez la parole à une réunion : « Bonjour, je m'appelle Janice et je suis alcoolique. » En reconnaissant le fait que vous souffrez d'une addiction, donc que vous ne pouvez ni ne voulez toucher à la moindre goutte d'alcool, vous avez beaucoup plus de chances d'envoyer votre problème de boisson aux oubliettes que si vous vous présentiez de cette façon : « Bonjour, je m'appelle Janice, et même si je me réveille régulièrement bourrée sans savoir où je suis, je peux gérer un petit cocktail de temps en temps les doigts dans le nez. » Lorsque vous décalez votre identité pour l'aligner sur les habitudes que vous vous efforcez d'acquérir, vous vous préparez à vivre dans une réalité nouvelle, en effaçant la bataille intérieure du : « J'agis de telle façon, mais en fait, je suis un imposteur, donc ça ne durera pas vu que ce n'est pas vraiment moi. »

Modifier vos actions dans la perspective d'adopter une nouvelle habitude sans changer qui vous êtes au passage revient à courir avec le vent de face : oui, c'est possible de baisser la tête, de courir de toutes vos forces et de gagner du terrain, mais vous risquez bien plus d'abandonner et de retomber dans vos vieux travers que si vous courez avec le vent dans le dos.

Vous devez comprendre comment vous vous percevez et comment vous percevez le monde qui vous entoure. C'est primordial, à cause d'une certaine force motrice dont pratiquement tout le monde (à part les êtres les plus évolués) est victime quotidiennement : le besoin humain d'avoir raison. Il y a peu de choses qui nous mettent autant de baume au cœur que le fait d'avoir raison : obtenir cent pour cent de bonnes réponses à un questionnaire, découvrir que c'était nous (et pas notre ami qui nous a fait poireauter pendant une heure) qui avions retenu l'heure réelle de notre rendez-vous, avoir deviné que Jill et Rob auraient un bébé cette année, voir notre candidat de prédilection remporter l'élection, savoir que Nirvana était cool avant que le reste du monde s'en aperçoive. Nous nous entre-tuons parce que nous sommes persuadés que cette terre est la mienne, pas la tienne, et que tu devrais gouverner, vénérer, aimer, paraître et – de manière générale – te comporter de la manière que j'estime, moi, être la bonne. Nous aimons tellement avoir raison que nous nous rassemblons même en petits groupes pour échanger fièrement les récits des meilleurs moments où nous avons vu juste : « J'avais prévenu Sheila que si elle se mettait debout dans le canoë, elle allait tomber à l'eau. Et qu'est-ce qu'elle a fait ? Elle s'est mise debout dans le canoë. Et que s'est-il passé ensuite ? Et voilà. »

Il y a trois petits mots que tous les êtres humains brûlent d'entendre plus que tous les autres : « tu », « as » et « raison ».

Notre besoin de prouver que notre version de la réalité est la bonne va toutefois beaucoup plus loin que le besoin de conforter nos ego fragiles et touche souvent à quelque chose de plus primitif.

Voici comment fonctionne notre inavouable et profond besoin d'avoir raison.

- **Être humain + avoir raison = être en sécurité.** Inconsciemment, j'ai besoin de savoir que X est vrai parce que cela a formé ma perception de la réalité. Avoir une version solide de la réalité signifie que je me sens en sécurité, malgré le fait que je me trouve sur une grosse boule qui tourne à toute allure au milieu de l'espace infini et que ma mort prochaine est en vérité ma seule et absolue certitude.

- **L'être humain a une trouille bleue du changement.** Le changement démantèle ce que l'on « sait » et nous déstabilise en nous privant de notre sentiment de sécurité. Il déploie un vide jusqu'alors inconnu, celui de la possibilité que parfois, et même souvent, il déchire sa race bien plus que l'expérience connue à laquelle nous nous agrippons. Mais du fait que le changement est inconnu et menace notre réalité, il nous place en posture très inconfortable, de sorte que nous avons tendance à prendre d'immenses précautions pour nous en éloigner autant que possible. Même les plus kamikazes d'entre nous ont leurs limites (quoiqu'ils ne l'admettent pas si facilement). Si vous êtes du genre à vous targuer d'être incroyablement intrépide, disant oui à tout, prétendant accueillir la nouveauté à bras ouverts (« Moi le changement, je lui roule des grosses galoches tous les jours, OK ? »), creusez un peu plus et reconnaissez que vous trouvez des excuses pour vous justifier quand un changement particulier vous fait sortir de votre zone de confort. Comprenez en outre qu'il existe des changements que vous n'avez jamais ne serait-ce qu'envisagés, et qui pourraient totalement vous prendre de court (perdre tout votre argent, voir votre maison disparaître dans une inondation, découvrir que votre maman est une tueuse en série). Il n'y a pas de honte à être humain, et il est essentiel que vous reconnaissiez vos peurs si vous désirez les dépasser.

* **L'être humain préfère s'adapter à une situation familière ennuyeuse plutôt que risquer l'inconnu.** Jusqu'à ce que – ou à moins que – la situation familière devienne si intolérable qu'ils prendront volontairement le risque de se jeter dans le vide du changement.

Du fait de notre acharnement à vouloir avoir raison sur notre sujet préféré, à savoir nous-mêmes, nous défendons notre identité jusqu'à la mort, même si nous sommes au fond du trou et que nous ne sommes pas particulièrement fiers de cette identité. Par exemple, à l'époque où je me perfectionnais dans l'art de n'avoir jamais un rond, je devenais extrêmement grincheuse si quiconque s'interrogeait sur ma capacité à réussir financièrement, parce que cela menaçait l'identité branlante qui m'était familière. « Comment ça, je pourrais gagner de l'argent si je changeais d'attitude et que je m'y prenais différemment ? Ça fait QUARANTE ANS que j'essaie de gagner ma croûte comme écrivaine et je vis dans un garage, je me coupe moi-même les cheveux et je dors dans un futon à même le sol. Je suis nulle pour gagner de l'argent. Tu peux me faire confiance, ma vie entière en témoigne. »

Même lorsque nous mourons d'envie de changer, nous craignons inconsciemment qu'en cessant de croire à nos histoires sur nous-mêmes et sur ce qui est à notre portée, nous allons voir les fondements de notre réalité disparaître, et nous avec. C'est un chouïa dramatique, je vous l'accorde, mais c'est suffisamment puissant pour pousser les gens à passer leur vie coincés dans des relations catastrophiques et dans des boulots qu'ils détestent, en se refusant généralement les choses et les expériences qui leur donneraient l'envie de sortir du lit en dansant chaque matin.

Que l'on s'en rende compte ou pas, on défend constamment sa vision des choses. Quand j'étais dans la dèche et que je vivais dans ce garage, j'étais toujours à l'affût de preuves démontrant que je ne pouvais pas gagner d'argent : je crachais sur toutes les choses affreuses que les gens faisaient pour s'enrichir, de façon à prouver que c'était un comportement amoral (au lieu de reconnaître l'existence de toutes les choses merveilleuses que les gens faisaient pour et avec de l'argent). Je m'entourais de personnes aussi fauchées que moi qui me donnaient des tuyaux sur les meilleurs crédits pour regrouper ses dettes, qui m'indiquaient l'adresse des bons magasins d'occasion et qui adoraient ronchonner sur le fait que tout était très cher (alors que j'aurais pu fréquenter des gens qui m'auraient donné un coup de pied au cul pour m'aider à m'améliorer). J'étais experte pour repérer les promos d'enfer, les stations-service affichant les meilleurs prix et les obstacles sur ma route vers le succès (au lieu de dénicher les occasions terrifiantes, excitantes et lucratives qui m'auraient poussée à grandir et à changer ma vie en mieux).

Notre « réalité » est déterminée par la perception que nous avons de nous-mêmes et du monde qui nous entoure.

À tout moment tourbillonnent autour de nous une infinité d'idées, d'images, de sons, d'odeurs, d'opinions et d'occasions ; pour choisir ce sur quoi porter notre attention ainsi que la manière d'y penser et d'en parler, nous nous fondons sur la réalité à laquelle nous prenons part alors. Imaginons quatre personnes qui passeraient à côté d'une femme perchée sur une échelle, occupée à repeindre la façade de sa maison ; chacune pourra vivre ce moment de manière très différente. Admettons que la première personne vient de se fiancer ; voyant la femme, elle se sentira toute guillerette et songera : « J'ai hâte de voir la couleur qu'on choisira pour peindre notre nouvelle maison ! » La deuxième personne vient d'être trompée par la dernière en date d'une longue série d'amoureuses catastrophiques. Cette personne dévisagera peut-être la femme juchée sur son échelle, la trouvera séduisante, puis songera aussitôt : « Ne te laisse pas avoir, mec, elle va t'attirer dans ses filets et ensuite elle te jettera comme un vieux papier. » Quant à la troisième personne, c'est une créatrice qui s'apprête à lancer sa marque de chaussures. Elle observera peut-être les pieds de la femme en se disant : « C'est malin de placer la boucle de la sandale à cet endroit-là. Je me demande où elle les a achetées. » La dernière, une mère débordée qui a zappé le petit déjeuner, jettera éventuellement un coup d'œil à notre peintre en bâtiment tout en songeant : « Je vais peut-être me faire un sandwich avec les restes de rôti pour le déjeuner. »

Pour tout changement majeur dans votre vie, la première étape sera toujours la prise de conscience. Pour faire correspondre votre identité aux habitudes que vous désirez acquérir ou dézinguer, il va vous falloir prêter attention aux détails de votre comportement actuel, de façon à pouvoir modifier tout ce qui n'est pas en phase avec votre objectif. Soyez attentifs à vos paroles, à vos pensées, à vos croyances et à vos actions. Remettez-vous en question avec des réflexions comme : « Si je veux devenir non fumeuse, je devrais peut-être ne pas supplier mon copain de baisser sa vitre quand on passe à côté d'un fumeur pour profiter de l'odeur de sa cigarette. Je devrais peut-être plutôt ignorer cette personne et simplement demander à mon copain comment s'est passée sa journée. »

Les identités sont livrées habitudes incluses.

Lorsque j'ai pris la décision d'assainir la relation que j'entretenais avec l'argent (c'est-à-dire de me secouer les puces pour commencer à en gagner), j'ai fait tout ce que je pouvais imaginer pour sortir de mon trou : lire des livres sur le bon état d'esprit à cultiver pour devenir riche, assister à des conférences sur les meilleures façons de gagner de l'argent, prendre des cours, embaucher des coachs… Mais l'une des choses les plus significatives que j'ai faites fut de changer celle que j'étais. Je me suis obligée à arrêter de me voir comme une nulle sans le sou pour commencer à m'envisager comme une personne capable de gagner de l'argent. Rien n'avait encore changé dans mon environnement immédiat ni sur mon compte en banque, mais je me comportais comme si c'était le cas. Je me suis mise à penser, à agir et à percevoir le monde comme la personne que je désirais devenir. Par exemple, chaque fois que j'avais le réflexe de penser « Je ne peux pas me le permettre » (c'est-à-dire pratiquement chaque fois qu'on me proposait quoi que ce soit), je remplaçais cette pensée par : « L'argent coule vers moi facilement et librement. » Je passais mes journées à me répéter ce mantra, et comme je suis humaine et que j'adore avoir raison, j'ai commencé à chercher des preuves que l'argent ruisselait effectivement librement et facilement vers moi. Chaque fois que je trouvais un dollar dans la rue, que je dégotais un boulot de free-lance sorti de nulle part, ou que mon papa me donnait un billet de vingt pour mon anniversaire, au lieu d'ignorer ces petits moments de félicité financière et de me remettre aussitôt à ruminer sur le gâchis qu'était ma vie, je célébrais le fait que l'argent était juste là, et qu'il m'arrivait sans peine ni obstacle.

Les habitudes définissent la personne que vous êtes à un moment donné ; elles ne sont pas vous.

Non seulement le fait de répéter ce mantra sur l'argent m'a mise dans de bien meilleures dispositions, mais il m'a également ouvert les yeux sur toutes les choses que je ne voyais pas à l'époque où j'étais très occupée à prouver que « Je ne peux pas me le permettre » était la vérité. Je me suis mise à viser des possibilités que j'aurais autrefois considérées comme étant « hors de portée pour moi », ou qui seraient restées totalement invisibles à mes yeux ; j'ai investi l'argent « que je n'avais pas » dans des cours du soir pour démarrer une nouvelle entreprise ; j'ai arrêté de pleurnicher parce que tout était tellement dur, et je me suis lancée dans un inconnu terrifiant au lieu de me planquer derrière les jérémiades. Adopter l'identité d'une personne qui réussit m'a poussée à chercher des solutions, alors que m'identifier à une personne fauchée me poussait à chercher des excuses. Élémentaire, mon cher Watson.

Je suis le meilleur. Je disais ça avant même de savoir que je l'étais. (Mohamed Ali)

Prenez dès à présent une composante de votre identité que vous avez souvent utilisée pour vous décrire ; n'importe laquelle, par exemple paresseux, organisé, ponctuel, spontané, pleine d'assurance, doué en musique, nul en maths, béni-oui-oui. Nous allons revenir en arrière et observer comment ce que vous dites, pensez, croyez, éprouvez et faites souvent a contribué à ajuster ce qualificatif à votre personne. Ainsi, quand vous travaillerez sur le développement d'une nouvelle identité et de nouvelles habitudes, vous aurez un exemple tiré de votre propre vie à retenir comme référence.

- **Paroles.** Comment parlez-vous de vous-même en référence à cette identité ? Vous en excusez-vous ? En êtes-vous fier ? Est-ce que vous vous comportez comme si ça n'avait pas d'importance ? Par exemple, je suis une personne extrêmement ordonnée. Je fais mon lit dès que je me lève le matin, je défais immédiatement ma valise pour tout remettre à sa place quand je rentre de voyage, et je range mes pots d'épices aussitôt quand je cuisine, même si j'ai presque toujours besoin de les ressortir en cours de route (« Groumpf ! »). J'ai aussi constamment des invités à la maison, à qui je m'entends souvent dire : « C'est plus fort que moi, ne faites pas attention », tout en les poussant gentiment sur le côté afin de retaper le coussin derrière eux ou d'aligner plus nettement les chaussures dans l'entrée. Je claironne à qui veut l'entendre des choses comme : « Je suis bien contente d'être aussi tatillonne, ça me facilite tellement la vie », tout en sortant mon rouge à lèvres de la poche de mon sac à main où il se trouve toujours, puisque je remets toujours les choses à leur place. J'aime être ordonnée, je l'ai toujours été, c'est mon truc, et mes paroles le reflètent bien.

- **Pensées.** Quelles pensées surgissent dans votre esprit en conséquence de votre identité lorsque vous entrez dans une pièce, quand vous rencontrez un inconnu, quand vous lisez le journal ou quand vous empruntez une nouvelle rue ? Par exemple, si j'arrive sur le lieu de travail de quelqu'un et que je vois des tas de trucs entassés au petit bonheur sur le bureau, je deviens nerveuse et je ne comprends pas comment cette personne parvient à se concentrer au milieu d'un tel merdier. Le désordre me donne envie de ranger. L'ordre me conduit à penser que tout va bien. J'aime l'ordre chez les autres, aussi. Je remarque immédiatement qu'une maison est rangée ou pas quand j'y entre.

* **Croyances.** Quelles croyances (conscientes ou inconscientes) nourrissez-vous en raison de la personne que vous êtes ? Être ordonnée me simplifie la vie parce que je sais toujours où sont mes affaires. Je suis organisée, je peux compter sur moi-même. Je maîtrise la situation.

* **Sentiments.** Lorsque vous pensez au fait d'être ceci ou cela, quelles émotions surviennent ? Être ordonnée me procure un sentiment de calme, d'accomplissement, de bonheur, de sécurité, de confort, et de légère supériorité vis-à-vis des personnes désordonnées. Voilà. Je l'ai dit.

* **Action répétée.** Quelles actions routinières effectuez-vous du fait de ce trait de caractère ? En ce qui me concerne, je vais aligner, défroisser, plier, empiler, trier, éponger, organiser, et me promener dans les pièces que je viens de ranger pour apprécier à loisir leur aspect impeccable.

À présent que vous savez ce qui forme une identité, vous êtes en mesure d'utiliser ces informations pour créer d'excellentes nouvelles habitudes et dézinguer les plus pourries. La capacité à choisir et à changer ce que nous sommes dans la vie est un cadeau, surtout dans la mesure où la majorité des habitudes et des traits de caractère que nous nous trimballons n'a pas été consciemment choisie par nos soins au départ. Nous avons calqué la majeure partie de nos croyances et de nos façons d'être sur nos parents (ou sur les personnes qui nous ont élevés).

À 4 ans, nous n'avons pas pensé : « Je suis d'accord, ça me paraît une excellente idée de mépriser quiconque ne partage pas les mêmes croyances religieuses que moi. Ne pas aimer les gens qui sont différents est en totale adéquation avec ce que je trouve drôle, important et enrichissant, alors c'est entendu, faisons comme ça. » S'agissant de nos habitudes les plus anciennes, nous nous contentons de les attraper sans nous en apercevoir, à force de dîner avec nos parents et d'observer chacun de leurs faits et gestes. Puis nous prenons notre envol et nous établissons notre propre version de la vérité de deux façons possibles : soit en imitant le modèle que nous avons sous les yeux, soit en nous rebellant contre ce modèle.

Quand vous étiez gosse, les gens qui vous ont élevé étaient le centre de votre univers. Vous comptiez sur eux pour rester en sécurité, pour vous nourrir et pour vous apprendre les ficelles de ce monde qui s'ouvrait à vous. Vous étiez comme une petite souris, grignotant toutes les miettes d'information sur lesquelles vous parveniez à mettre la patte. Enfant, vous n'aviez pas encore développé de filtres ou de capacités d'analyse, si bien qu'en gros, vous assimiliez et catégorisiez toutes ces infos en vrac à l'aide d'un interrupteur grossier oui-non, pour ensuite copier scrupuleusement ou bien faire le contraire de ce que vous observiez autour de vous.

Vous compensiez toutefois vos lacunes en capacités analytiques par une grande minutie. Devenu adulte, mon frère a ainsi découvert à quel point il avait absorbé les comportements de nos parents le jour où, par accident, il s'est filmé en train de préparer des sandwichs à côté de notre père. C'était le jour des 18 ans de sa fille, et nous étions tous chez eux pour une fête surprise. Steve avait installé la caméra sur le plan de travail de la cuisine en la dirigeant vers la porte, de façon à pouvoir capturer l'expression de sa fille au moment où elle entrerait dans la maison. Ce faisant, il ne s'était pas rendu compte qu'il se filmait lui-même, ainsi que notre papa ; le lendemain matin, il m'a invitée à regarder les fameuses images, en les introduisant par ce préambule : « Je ne m'en étais pas rendu compte. Pourquoi on ne me l'a jamais dit ? Je n'avais rien remarqué. » Il a lancé la vidéo et je les ai vus : Steve et Papa côte à côte devant le plan de travail, Grand Moi et Mini-Moi se tenant exactement dans la même position : épaules haussées, la tête légèrement penchée en avant qui dodelinait jovialement de temps à autre, bras un peu raides ; chacun tenait son couteau de la même manière avec les mêmes doigts, coupant avec la même extrême concentration, levant le même sourcil en tendant l'oreille pour écouter la conversation voisine. Non seulement Steve avait idéalement positionné la caméra (Papa au premier plan, sa doublure de confection d'antipasti légèrement en retrait sur sa droite), mais il n'aurait pas pu mieux imiter notre père s'il avait voulu le faire consciemment. C'était l'interprétation la plus impressionnante et la plus parfaite que j'avais jamais vue.

Inutile de lutter : nous devenons nos parents, que cela nous plaise ou non. Je ne sais pas pour vous, mais il m'arrive parfois d'entendre les expressions de ma mère sortir de ma bouche avec une précision tellement ébouriffante qu'on pourrait la croire cachée dans un buisson derrière moi pour me souffler mes répliques. Je me retrouve parfois à dire des choses que je tiens d'elle sans les penser vraiment, ou sans avoir eu l'intention de les dire ! Ça sort de ma bouche par habitude.

Parfois, cependant, nous nous rebellons contre ce conditionnement précoce, et nous rejetons ce que nous avions absorbé avec la même attention au détail dont nous faisons preuve lors de l'imitation. Je mets le fait d'être extrêmement ordonnée sur le compte de ma mère, qui était une accumulatrice forcenée : s'entourer de tout un bazar lui procurait un sentiment de sécurité, qui comblait peut-être un manque lié à son enfance solitaire. De l'avis de Maman, si l'on trouvait un chemisier qu'on aimait, il fallait l'acheter dans tous les coloris disponibles ; elle possédait environ trente-sept casquettes de baseball qui se disputaient la place sur les patères de son vestiaire ; divers papiers, magazines, colliers de chien surnuméraires et limes à ongles formaient des piles chancelantes sur toutes les surfaces vacantes de la maison. Un jour, alors qu'étudiante, j'étais revenue passer quelques jours à la maison, j'ai découvert dans son grenier tout un stock de vieux flacons de crème hydratante, tous aux trois quarts vides, et tous datant des années 1970. Je lui ai demandé si je pouvais les jeter, ce à quoi elle m'a répondu non. Je me suis étonnée : « Mais pourquoi tu gardes ça ? » Et elle a répliqué : « Mais qu'est-ce que ça peut bien te faire ? » Admettons. C'est son grenier, c'est sa crème hydratante toute desséchée. Mais, pour moi, ce genre de fouillis est tout sauf réconfortant. Pour moi, c'est un mal sinistre résolu à effilocher les fibres mêmes de mon âme. J'ai été tellement traumatisée par son accumulation que j'ai développé une identité opposée à la sienne, peaufinant un ordre et une propreté devenus si légendaires qu'il est arrivé à l'une de mes invitées de s'éveiller en hurlant au milieu de la nuit, après avoir subitement pris conscience qu'elle avait laissé traîner une cuillère sale dans ma cuisine impeccable.

Si vous désirez vivre une vie géniale, tout est question de choix, les choix que vous faites et qui vous mettent du baume au cœur.

Dans cette optique, il vous faut devenir conscient de ceux que vous avez déjà faits.

Essayer de changer votre vie sans bien vous connaître revient à utiliser une carte pour vous rendre quelque part sans avoir repéré où se trouvait votre point de départ. Si vous ne savez pas d'où vous partez, vous n'irez pas bien loin.

Prenez un moment de recul pour faire le point sur vos habitudes, vos croyances, vos réflexions, votre identité, vos paroles et vos actions. Ce travail est l'un des plus importants à mener, parce qu'il vous extrait de votre posture de victime et vous replace aux manettes de votre vie. Et mener la vie que l'on désire, c'est vraiment le pied.

J'ai arrêté le sucre raffiné
(Alice, 32 ans)

L'impulsion d'arrêter le sucre vient principalement de ma peau. J'avais des éruptions monstrueuses, et puis je ne me sentais pas bien quand je consommais du sucre. Quand je fais quelque chose, ma méthode habituelle consiste à y aller à fond : je clame ma résolution d'arrêter le sucre sur tous les toits, et je vire tous les produits sucrés qui se trouvent chez moi. J'ai fait beaucoup de recherches sur les gens qui ont changé de vie par le biais de la nourriture, j'ai été suivie en parallèle par un médecin qui m'a beaucoup encouragée, et j'ai regardé un documentaire fascinant qui diabolise le sucre. J'ai aussi fait un truc que j'appelle « bidouiller l'addiction » : j'ai pris conscience que j'étais accro au sucre et à la *junk food* pour renforcer la mauvaise image que j'avais de moi-même. Une fois que j'ai pris un peu mes distances vis-à-vis des produits sucrés et qu'ils sont devenus moins habituels, j'ai pu voir à quel point le sucre affectait ma vie : j'avais beaucoup de sautes d'humeur, une vilaine peau, et je me sentais coupable, je me disais : « Mais pourquoi je m'inflige ça ? » Et puis, j'ai commencé à m'aligner sur une alimentation qui me procurait un vrai bien-être, et j'ai mis fin au cercle vicieux de la culpabilité.

Une fois que vous n'êtes plus accro à la culpabilité, vous changez d'habitudes.

J'ai modifié mon addiction au mal-être pour en faire une addiction au bien-être. Pour être contente en général, et contente de moi en particulier. Je me suis aussi mise dans la peau d'un personnage, comme si je jouais dans une pièce de théâtre. Je puisais dans des images et des histoires où j'étais au meilleur de moi-même : je ne suis pas une personne qui mange du sucre, en vérité. J'ai modifié mon histoire ; c'est très Actors Studio comme méthode, et ça m'a beaucoup aidée. Parce que si l'on ne croit pas à ce que l'on est, comment peut-on adopter le comportement correspondant ?

CHAPITRE 2

LES BONNES LIMITES : HÉROÏNES DE L'OMBRE DES HABITUDES À SUCCÈS

J'ai grandi dans une banlieue résidentielle qui fourmillait de gamins de mon âge ou à peu près. Nous avions des arbres auxquels grimper, des bois où construire des cabanes, des jardins avec des balançoires, et une pente raide au bout de notre rue qui était parfaite pour descendre dangereusement vite, à vélo ou en skate.

Par une fin d'après-midi, l'été de mes 5 ans, nous étions toute une petite bande à jouer dehors quand Charles, mon voisin de 4 ans, décida de descendre tout seul la fameuse pente à vélo pour voir quelle vitesse il pourrait atteindre. Je ne me rappelle pas l'avoir regardé monter la colline à pied ni l'avoir vu redescendre ; ce dont je me souviens, en revanche, c'est le moment où sa roue a heurté une pierre, où sa bicyclette s'est envolée et où, après avoir atterri face contre terre, il a parcouru deux mètres avant de s'immobiliser. Tout ce qui a suivi s'est déroulé comme au ralenti : tous les gosses se précipitant vers lui en braillant ; Charles se relevant avec peine, couvert de bave et de sang, pour se mettre à hurler à pleins poumons ; et notre baby-sitter, Janet (qui n'avait sans doute pas plus de 13 ans) agitant frénétiquement ses bras maigres avant d'attraper Charles et de crier : « Jennifer ! Va chercher ses parents ! »

Les parents étaient tous au bout de la rue, invités à un apéro chez les Haynes. Installés dans l'immense véranda, ils sirotaient des gin-tonics en s'abandonnant avec délice à leur condition temporaire de parents sans enfants. J'avais couru tout au long du chemin, mais en approchant de la maison, j'ai ralenti, comprenant avec terreur que j'allais pénétrer dans une pièce remplie d'adultes. J'ai contourné la maison pour m'approcher de la véranda redoutée, complètement hors de vue du fait que le jardin se trouvait en contrebas. En espionnant à travers les vitres, je n'ai vu qu'une flopée de jambes, tellement de jambes appartenant à tellement d'adultes qui allaient tous arrêter de parler pour me regarder fixement quand j'aurais gravi les trois marches de ciment, fait mon entrée surprise et balbutié les nouvelles. J'étais terrifiée à l'idée d'être sous les projecteurs, terrifiée d'être grondée pour avoir joué dans la rue, terrifiée par les adultes de manière générale. Je suis sortie de ma cachette pour monter les marches, et j'ai toqué tout au bas de la porte de façon inaudible. Puis j'ai fait volte-face, j'ai couru chez moi et je me suis réfugiée dans mon lit en m'efforçant d'invoquer le mal de ventre que j'étais prête à feindre à la seconde où mes parents rentreraient à la maison.

C'est ainsi que nous avons tendance à gérer le fait de poser des limites : au moment de défendre ce que nous sommes et ce dont nous avons besoin, nous toquons timidement à la porte – et parfois, nous ne toquons pas du tout. Puis nous nous éclipsons pour aller nous rouler en boule dans un coin, écrasés par la souffrance que nous nous infligeons. Comme un gamin qui a peur de se faire remonter les bretelles, qui ne veut fâcher personne, qui a simplement la trouille d'être remarqué ou jugé, nous optons pour un « Je t'assure, tout va bien, ne fais pas attention à tout ce travail qui m'attend. Que puis-je faire pour toi ? », et nous abandonnons nos propres besoins à leur triste sort, ensanglantés, appelant au secours en vain. (Charles s'est très bien remis de l'accident et continue de me parler, au fait.)

Les limites personnelles définissent la frontière entre vous et le monde extérieur. Avoir de saines limites signifie que l'on assume ses actes, ses émotions et ses besoins, mais aussi que l'on n'a pas à assumer les actes, les émotions et les besoins des autres.

Vous êtes responsable envers les autres, mais vous n'êtes pas responsable des autres. Grosse différence.

Tout comme notre peau délimite les frontières de notre corps physique, les murs de notre maison celles de notre espace privé, et tout comme la file d'attente pour les paniers de moins de dix articles est réservée aux paniers de moins de dix articles – et pas quinze, bon sang ! –, nous avons des limites personnelles qui nécessitent d'être clairement définies et respectées.

Par exemple, nous devons être en mesure de décliner les invitations que nous n'avons pas envie d'accepter, d'affronter les gens dont les commentaires nous mettent mal à l'aise, de dire à notre patron qu'il doit arrêter de se garer sur notre place de parking. Nous devons pouvoir demander de l'aide quand nous en avons besoin, nous devons perdre l'habitude d'attendre que les autres règlent nos problèmes, et nous devons arrêter de renflouer notre frangine irresponsable chaque fois qu'elle claque tout son fric dans les magasins et qu'elle n'a plus de quoi payer son loyer. Si l'on ne fixe pas ses propres limites avec un cadre clair et sain, et si ensuite on ne les respecte pas en y consacrant autant de temps et d'énergie qu'aux besoins des autres, alors on se disperse et l'on part en vrille, parce qu'on entremêle nos besoins, nos devoirs et notre identité avec les besoins, les devoirs et les identités de notre entourage.

Des limites saines sont primordiales dès lors qu'on s'attache à créer de nouvelles habitudes, car pour maintenir le cap, vous ne pouvez pas vous permettre de laisser des forces extérieures organiser votre temps, d'autoriser des esprits chagrins à malmener vos croyances, ou de permettre à votre besoin (souvent inconscient) de contrôler votre entourage de consumer votre attention. Votre culpabilité, votre honte et vos « je devrais » ne peuvent pas mener la danse.

L'habitude de fixer un cadre clair prépare le terrain pour toutes les autres habitudes.

Si vous êtes en train d'acquérir l'habitude d'être un meilleur patron, par exemple, vous devez poser des limites solides en exprimant vos attentes, en donnant des directives claires, en laissant à vos employés l'espace pour s'épanouir sans rôder autour d'eux sans arrêt ni faire le travail à leur place, et enfin en n'étant ni trop pote ni trop tyrannique avec eux. Si vous désirez ne plus manger de viande, vous devez suggérer à vos amis de les retrouver dans des restaurants offrant de vrais choix végétariens, prendre le temps d'apprendre de nouvelles recettes sans viande et informer les personnes qui vous invitent à dîner de votre décision – qu'elles trouveront relou, c'est sûr ! Si vous décidez de faire régulièrement du tai-chi, vous devez consacrer suffisamment de temps à votre pratique, vous entourer de personnes encourageantes qui vous aideront à développer la persévérance nécessaire et vous concentrer sur vous-même et sur votre art afin de réussir à bouger au ralenti sans tomber (ni vous endormir).

Vos habitudes vous définissent. Vos limites définissent l'espace qui vous est nécessaire pour être vous-même.

Pour vous aider à acquérir de meilleures habitudes, prenez un moment pour vous demander comment vous respectez (et si vous en êtes conscient ou non) vos propres limites ainsi que celles que posent d'autres personnes. Voici des domaines courants où la question des limites se pose, avec quelques exemples pour vous lancer sur la piste de l'introspection.

* **Le corps.** Si vous n'aimez pas que des étrangers vous touchent et qu'une prof de yoga s'approche pour ajuster votre posture, lui demandez-vous poliment d'arrêter, vous écartez-vous d'elle, lui donnez-vous une tape sur le poignet, ou bien ne dites-vous rien du tout en espérant qu'elle arrête bientôt ? Quelles sont vos limites au sujet du sexe, de la nourriture que vous ingérez, de l'exercice physique que vous pratiquez, des vêtements que vous portez, des

conversations que vous avez sur le corps en général, et sur le vôtre en particulier ? À quel point êtes-vous sensible au langage corporel des autres ? Optez-vous automatiquement pour des embrassades lorsque vous rencontrez quelqu'un, ou bien vous êtes-vous plutôt à l'écoute de ce que suggère l'autre ? Haussez-vous un sourcil réprobateur lorsque votre fille, que vous trouvez un peu ronde, prend un deuxième donut ? L'encouragez-vous à le manger ? Vous moquez-vous d'elle ? Ou bien la laissez-vous tranquille ? Êtes-vous conscient de votre attitude vis-à-vis d'elle ?

* **Les affaires.** Lesquelles de vos possessions ne partagez-vous sous aucun prétexte, et lesquelles prêtez-vous librement ? Êtes-vous soigneux ou désordonné dans votre maison, et comment vous comportez-vous chez les autres ? Vivez-vous selon l'adage « Mieux vaut demander pardon plutôt que la permission », qui vous pousse à cueillir les pommes sur l'arbre de votre voisin, à vous servir dans la garde-robe de votre sœur, à prendre des fournitures dans la réserve au travail ou à piquer la brosse à dents de votre conjoint lorsque vous oubliez la vôtre en voyage ? Comment réagiriez-vous dans la situation inverse, si les gens ne vous demandaient pas l'autorisation de vous emprunter vos affaires ?

* **Les croyances.** Vos croyances sont-elles facilement remplacées par celles d'autres personnes de votre entourage ou des médias que vous consultez ? Avez-vous des convictions solides, tout en étant ouvert à d'autres points de vue ? Pensez-vous que les gens qui ne sont pas d'accord avec vous sont des abrutis, qu'ils sont au contraire plus malins que vous ou qu'ils sont tout simplement différents ? Remettez-vous en question vos propres croyances, ou bien celles des autres ? Est-il important pour vous que dans tout débat, quelqu'un ait

raison et l'autre tort, ou bien pouvez-vous admettre la possibilité qu'il puisse y avoir plus d'une bonne réponse ? Lutterez-vous à mort pour avoir raison sur le fait que ce n'était pas vous, mais votre conjoint qui n'a pas remonté la vitre de la voiture avant l'orage la semaine dernière (même si vous n'êtes pas complètement sûr que ce n'était pas vous, maintenant que vous y repensez) ? Êtes-vous capable de reconnaître vos torts ? Avez-vous besoin de clamer sur tous les toits que vous aviez raison, lorsque c'est le cas ? Refusez-vous d'écouter les autres ou de considérer la situation sous un angle différent du vôtre ? A-t-on jamais trouvé quelqu'un qui admette se comporter comme ça, d'ailleurs ?

* **L'attitude.** Prenez-vous les choses comme elles viennent, en vous comportant selon votre humeur sans vous rendre compte de la manière dont cela affecte les autres ? Vous bridez-vous, vous excusez-vous en permanence en vous recroquevillant sur vous-même et en vous exprimant d'une voix à peine audible pour ne pas faire de vagues ou déranger qui que ce soit ? Prenez-vous position si quelqu'un fait preuve d'indélicatesse, tyrannise les autres, fait des blagues racistes ou parle à voix haute au cinéma ? Ou bien gardez-vous le silence ? Vous plaignez-vous de ces gens dans leur dos ? Imposez-vous aux personnes de votre entourage des idées, des livres, des suggestions vestimentaires, des offres d'emploi ou des *blind dates* qu'elles n'ont pas sollicités parce que vous voyez un tel potentiel en elles ? Comment réagissez-vous (si vous réagissez) à des conseils que vous n'avez pas demandés, à des remarques grossières, au coup de main qu'on vous propose ? Essayez-vous de tout faire tout seul ? Essayez-vous de tout faire faire par les autres ? Tenez-vous les autres, la société, vos parents pour responsables de votre boulot ennuyeux, de vos choix

amoureux catastrophiques, de votre compte en banque dans le rouge, de votre phobie de l'avion ? Communiquez-vous clairement, ou bien vous contentez-vous d'allusions ? Tournez-vous sept fois votre langue dans votre bouche avant de parler, ou bien les choses vous échappent-elles sans que vous y preniez garde ? Parlez-vous posément des problèmes, ou bien est-ce que vous vous taisez jusqu'à exploser subitement ou développer un ulcère ?

* **L'espace.** Êtes-vous du genre à prendre toute la couette dans le lit, à griller les priorités aux autres sur la route ? Vous étalez-vous dans un métro bondé ? Que faites-vous face aux gens qui se comportent ainsi ? Posez-vous une demi-fesse sur le strapontin pour occuper encore moins d'espace ? Vous rendez-vous compte de l'espace que vous occupez, justement ? Laissez-vous, aux autres comme à vous-même, la place de travailler, la place de réfléchir, la place de créer, la place de ressentir ? Protégez-vous votre intimité, respectez-vous l'intimité des autres ?

* **Les émotions.** Avez-vous de l'empathie pour les autres ? Trop, au point de ressentir la douleur comme si c'était la vôtre, ou bien si peu que vous n'éprouvez absolument rien si ce n'est pas de votre problème qu'il s'agit ? Est-ce qu'à l'aéroport, vous braillez comme un putois sur l'agent qui ne retrouve pas votre réservation, est-ce que vous discutez calmement du problème, ou bien éclatez-vous en sanglots de frustration ? Mettez-vous un mouchoir sur vos émotions pour ne les partager qu'avec vos proches, ou bien vous efforcez-vous de ne rien ressentir du tout ? Agissez-vous de manière impulsive, sous le coup de l'émotion, ou bien laissez-vous passer l'orage avant de prendre une décision ? Comment réagissez-vous face aux gens qui ont un fonctionnement différent du vôtre ?

Ajustez-vous votre attitude selon que les autres autour de vous sont de mauvaise humeur, joyeux ou tristes, ou vous attendez-vous à ce que tout le monde s'adapte à votre propre état émotionnel ? Avez-vous conscience de l'état émotionnel des autres ? Essayez-vous de dissiper la mauvaise humeur des gens ?

* **Le temps.** Respectez-vous votre temps et celui des autres en étant ponctuel ? Refusez-vous de subir les gens qui gaspillent votre temps ? Prenez-vous le temps de lire en entier le livre que votre voisin a écrit sur la faune et la flore locales alors que vous n'en avez pas envie, ou bien lui dites-vous que vous êtes trop occupé ? Vous réservez-vous un peu de temps pour vous sans culpabiliser ? Vous plaignez-vous de ne pas avoir le temps de faire ce que vous voulez ? Trouvez-vous du temps ? Perdez-vous du temps ?

* **La disponibilité.** Vous rendez-vous disponible pour l'intimité, pour l'amitié, pour le succès, pour l'éclate ? Offrez-vous prise aux violences verbales, à l'énergie négative, aux relations toxiques, aux caprices fatigants des autres ? Écoutez-vous votre amie se plaindre de son travail pour la millième fois, ou bien lui dites-vous que vous en avez ras-le-bol et qu'elle doit se reprendre en main, ou trouver d'autres oreilles que les vôtres pour geindre ? Laissez-vous les gens que vous n'aimez pas prendre une place dans votre vie, dans votre maison ou dans votre club de lecture parce que vous craignez qu'ils se sentent mal ou qu'ils fassent un esclandre ? Êtes-vous plus disponible pour les besoins des autres que pour les vôtres ? Avez-vous conscience des besoins des autres ?

* **L'énergie.** Est-ce que la nourriture que vous consommez, la musique que vous écoutez, les activités auxquelles vous

participez, les gens que vous fréquentez vous vident de votre énergie, ou au contraire vous en donnent ? Est-ce que vous abandonnez les gens et les activités qui vous épuisent, est-ce que vous prenez sur vous pour les supporter, ou bien trouvez-vous une solution « heureuse » à ce problème ? Êtes-vous attentif à ce qui altère votre énergie ? Quelles ressources possédez-vous en matière d'énergie ?

Nous découvrons le principe de limites dès l'enfance. Nous testons la température avec les personnes de notre entourage, nous voyons comment ça se passe, et nous affinons notre compréhension du système après des années d'observation. Si nous refusons de faire un bisou à Tata Lauren, ce refus est-il entendu et respecté ? Sommes-nous ignorés et soulevés de terre jusqu'à sa joue contre notre volonté ? Ou bien grondés et envoyés dans notre chambre ? Lorsque nous faisons ce qu'on nous a demandé et mettons notre pyjama avant d'aller au lit, sommes-nous récompensés avec une histoire, morigénés pour avoir mis trop longtemps à nous préparer, ou livrés à nous-mêmes à l'étage pendant des heures ? Si nous dessinons partout sur les murs avec des marqueurs, que se passe-t-il ? Sommes-nous punis ? Félicités pour notre créativité ? Ou bien soumis au spectacle de la crise nerveuse de Maman qui éclate en sanglots ?

Nos petits cerveaux assimilent toutes ces informations et en tirent des « vérités » sur les limites qui nous protégeront le mieux et nous permettront d'obtenir ce que nous souhaitons. Par exemple : « On me dit que je suis méchante quand je dis non, alors je ne le dirai plus jamais » ou « Papa est toujours en colère et fatigué quand il rentre du travail, alors le meilleur moyen de ne pas se faire crier dessus, c'est de ne pas faire de bruit, de n'avoir besoin de rien et de rester invisible. » Nous pouvons ainsi passer ensuite le restant de nos jours à souffrir de mauvaises limites que nous avons conçues à partir de ces « vérités » dépassées. Nous n'avons pas conscience que ce que nous prenions pour des faits correspondait à de simples perceptions de la réalité, formées par le biais de nos propres expériences, et que nombre de ces expériences ont eu lieu à une époque où nous n'avions pas encore appris à faire des phrases correctes, et où nous trouvions que c'était une super idée de s'enfoncer des petits pois dans le nez.

Heureusement, une autre voie existe, et nous comprenons que nous pouvons choisir de remettre en question nos croyances au lieu de passer notre vie à jouer les victimes face à ces « vérités » qui ne nous conviennent plus. Par exemple : « Dans notre groupe d'amis, c'est toujours moi qui lance des invitations à dîner, qui organise les randonnées, qui réserve les billets pour aller au concert, qui gère les annulations, qui réorganise tout quand les emplois du temps des gens sont modifiés, et devinez quoi ? J'en ai ma claque. Je me suis surprise à rêver de tomber dans les pommes au supermarché, d'être transportée sur une civière et que tout le monde s'occupe de moi, pour changer. Est-ce que je ne devrais pas plutôt fantasmer à l'idée de paresser sur une plage ensoleillée ? Pourquoi ai-je l'impression d'être quelqu'un d'horrible si je demande un coup de main ? Suis-je vraiment horrible ? »

À mesure que nous avançons dans la vie et que nous découvrons ces vieilles « vérités » absurdes, nous devenons capables de nous en défaire, de nous réorienter vers des croyances qui soutiennent la personne que nous devenons, et de créer les limites dont nous avons besoin pour nous épanouir. Par exemple : « Nier mes besoins me freine. Je vais arrêter de faire comme si Papa allait me punir pour avoir parlé franchement, je vais arrêter de faire comme si je pouvais m'occuper de tout toute seule et je vais demander de l'aide ! »

Ce que nous choisissons de croire comme étant vrai ou pas dicte les limites que l'on pose, ou pas.

Que nous en ayons conscience ou non, nous réalisons toujours un arbitrage entre poser des limites saines, poser des limites néfastes, ou ne pas poser de limites du tout. En fonction de notre éducation, de nos capacités de réflexion, de la situation et du nombre de cocktails que nous avons bus, nous aurons tendance à défendre nos besoins et ceux des autres, ou bien à tout laisser aller n'importe comment.

Nous avons tous à notre actif un paquet de situations embarrassantes et de boulettes originales, mais la plupart de nos problèmes de limites appartiennent à l'une de ces trois catégories.

Les trois cafouillages classiques en matière de limites

1. Trop de oui. On dit oui à tout parce qu'on veut éviter d'entrer en conflit, de décevoir, d'avoir l'air égoïste, ou de rater une occasion de sentir qu'on est utile et important.

2. Trop de non. On dit non à tout par crainte d'être remarqué, d'être déçu, de décevoir, d'être jugé, de ne pas être à sa place, d'être blessé, d'avoir des besoins.

On construit un mur pour se planquer derrière, au lieu de délimiter un territoire qui nous permet de nous épanouir pleinement.

3. Trop de contrôle. On essaie de contrôler les autres, de les amener à résoudre nos problèmes, ou l'on s'implique trop dans leurs problèmes. On recherche ceux qui nous le permettent ou l'on permet soi-même cela parce qu'on ne veut pas corriger sa propre existence : on veut avoir l'impression de contrôler, d'être indispensable, aimé et entouré.

Dans la majorité des cas, nous nous laissons aller à l'un ou l'autre de ces comportements, en fonction de nos problèmes, des circonstances et de la personne qui se retrouve confrontée à nos limites foireuses. Par exemple, avec notre patron, nous dirons potentiellement oui à tout ce qu'il demande, même si ça ne correspond pas à notre fiche de poste et qu'on finit sur les rotules et plein de ressentiment ; en revanche, nous dirons peut-être non à toutes les invitations à des fêtes et à des *blind dates*, pour éviter la gêne et le rejet ; et avec nos enfants, nous serons peut-être trop dans le contrôle en nous impliquant dans des domaines de leur vie qui ne nous concernent pas : « J'ai bazardé tes gros godillots noirs tout défoncés et, à la place, je t'ai acheté quelque chose d'un peu plus… féminin. »

Les mauvaises limites sont l'une des premières causes de drames inutiles.

Mal poser nos limites ne fait pas de nous des personnes infréquentables, loin de là. Mais seulement des personnes qui tentent, assez classiquement, d'éviter douleur et isolement en se comportant d'une façon qui finit par nous revenir sous forme de douleur et d'isolement – pile ce qu'on essayait d'éviter ! La bonne nouvelle, c'est que vous pouvez changer la donne en réfléchissant avec lucidité aux moments et aux domaines où vos limites sont mal fixées, en prenant la décision consciente de les améliorer – même si ça fiche la trouille ou que c'est inconfortable – et en retrouvant un peu de contrôle sur votre existence. *Un peu* de contrôle, car personne ne pourra jamais maîtriser totalement quoi que ce soit. Mais nous pouvons améliorer notre qualité de vie en apprenant à faire des choix plus malins.

Voici ce qui est perturbant avec les limites : on a envie d'être sympa, d'apporter de la joie aux autres, d'être bon, serviable, utile, empathique, apprécié de tous… Et l'on croit que ne pas prendre en compte ses propres limites est la meilleure manière d'arriver à ses fins. Nous percevons à tort les limites comme des barrières cruelles et intransigeantes, qui empêchent les gens de venir à notre rencontre. Nous craignons de nous couper des autres, de nous montrer trop exigeants, rigides, dirigistes et, le pire de tout, égoïstes, voire égocentriques. Pourtant, définir clairement la personne que vous êtes et ce pour quoi vous êtes disponible n'est pas un acte égoïste, car cela concourt au bien commun. Par exemple, lorsque vous interdisez à vos ados de vous déranger pendant la demi-heure que vous vous êtes réservée pour lire et méditer chaque après-midi, vous servez votre propre intérêt ; mais celui-ci va dans le même sens que celui de vos enfants. En posant une limite et en prenant du temps pour vous, vous serez pour eux une mère plus détendue et attentive qui a de l'estime pour elle-même, et vous leur fournirez en outre un bon exemple en leur montrant comment poser ses limites. Par ailleurs, ce sera pour eux un entraînement utile pour apprendre à respecter les limites des autres.

Songez au soulagement que vous éprouvez lorsque quelqu'un vous dit exactement ce qu'il a en tête, ce dont il a besoin et ce pour quoi il est disponible. Même si les limites ainsi fixées ne sont pas les plus pratiques ou les plus avantageuses pour vous, les connaître vous évite de marcher sur des œufs et de vous prendre le chou pour essayer de deviner ce que l'autre a en tête, en vous demandant par exemple si son cirque de la veille (quand il a passé la soirée à fermer brutalement les tiroirs et les placards de la cuisine, et à triturer la purée dans son assiette sans décrocher un mot) est dû à quelque chose que vous auriez dit ou fait, ou à une situation qui ne vous concerne en rien.

*Les limites justes et claires sont un cadeau pour tout le monde.
Le ressentiment, l'épuisement, la culpabilité,
la contrainte et les comportements passifs-agressifs
ne sont un cadeau pour personne.*

Le problème, c'est souvent que, lorsque nous prenons courageusement position pour déclarer que, dorénavant, nous ne préparerons plus le dîner tous les soirs puisque nous avons des répétitions de chorale, les autres ne pigent pas tout de suite le « cadeau » de cette nouvelle limite que nous avons fixée. Surtout les personnes auxquelles nous tenons le plus. Au cours des presque dix années que j'ai passées à discourir sur le thème de la badasserie, je suis rarement sortie d'une rencontre sans que cette question pointe le bout de son nez : « Que fait-on quand nos proches ne supportent pas notre transformation ? »

Si cette question est si fréquente, c'est parce que vos proches sont souvent contrariés par votre métamorphose (qui implique de développer de nouvelles habitudes et de fixer des limites). Et ce, pour plusieurs raisons.

1. **Ils ne détiennent plus la vérité sur ce que vous êtes.** Et puisqu'ils sont humains, ils adorent avoir raison. Quand ils auront compris et accepté votre nouveau moi, ils se mettront de nouveau à avoir raison et vivront mieux le processus. S'ils ne comprennent ni n'acceptent votre nouveau moi, ils feront les imbéciles (voir ci-dessous).

2. **Vous passez d'une entité connue à une nouvelle entité inconnue.** Les gens mettent autant d'énergie à avoir peur de l'inconnu qu'à aimer avoir raison. À un niveau primitif, votre nouveau moi modifie un aspect de leur « réalité », et si ce qu'ils percevaient comme étant réel ne l'est plus désormais, ils sont perturbés. Cela suggère aussi que d'autres éléments de leur réalité pourraient se faire la malle à leur tour : « Si ma meilleure pote de beuverie ne boit plus et fixe une limite en n'autorisant plus d'alcool chez elle, est-ce que cela signifie que d'autres dimensions de mon existence importantes pour moi vont également disparaître ? »

3. **Vous leur montrez que le changement est possible.** En gros, vous leur donnez un conseil qu'ils n'ont pas sollicité de par votre seule existence : « Si je peux m'améliorer, vous aussi. » S'ils ne sont pas disposés à recevoir cette information, s'ils préfèrent se raccrocher aux choses familières de leur vie qui ne leur procurent pas une joie délirante au lieu d'opérer les changements qu'ils savent avoir besoin de faire, cela va les rendre grincheux, et peut-être narquois à l'encontre de votre nouveau moi.

4. Pour changer qui vous êtes et prendre possession de votre nouveau moi, vous devez tuer votre ancienne identité. Or les gens n'apprécient pas qu'on tue ceux qu'ils aiment. Si vous décidez de prendre votre travail plus au sérieux et que vous commencez à vous habiller de façon plus professionnelle, votre voisin de cantine que vous connaissez à peine lèvera les pouces et vous gratifiera d'un « Ouah, le look d'enfer ! » quand il vous croisera à la pause déjeuner, tandis que les gens qui sont censés vous aimer (votre conjoint, vos parents ou votre meilleure amie) diront peut-être des trucs du style : « Monsieur Costard-Cravate, tu es trop bien pour nous maintenant ? »

5. Vous n'avez jamais su poser des limites et vous vous mettez du jour au lendemain à défendre votre pré carré. Certaines personnes seront alors déçues, parce qu'elles seront privées de leur paillasson, de leur domestique, de leur cuisinier ou de leur chauffeur, et elles risquent de geindre et de vous traiter d'égoïste, allant jusqu'à prédire qu'elles pourraient finir par mourir si vous arrêtez de tout faire à leur place.

Les personnes qui vous sont les plus proches sont celles qui ont le plus à perdre en vous perdant, si bien qu'elles sont les plus résistantes à votre changement.

Pour exprimer leur déception et leurs craintes (qui sont pratiquement toutes inconscientes, soit dit en passant), les personnes de votre entourage proche risquent de se moquer de vous, de se faire du souci pour vous, de lister toutes les raisons pour lesquelles vos grands projets vont tomber à l'eau, de vous reprocher de ne plus être cool. Dans les cas extrêmes, elles ne vous adresseront plus la parole. Bien sûr, il y aura aussi des proches qui vous soutiendront ou qui, par émulation, amélioreront leur propre vie grâce à votre bel exemple. Mais la probabilité pour que vos êtres chers piquent une bonne grosse crise mérite d'être soulignée, parce que c'est l'une des principales raisons pour lesquelles on répugne à changer certaines de ses habitudes et à poser les limites nécessaires à ce changement.

Modifier vos habitudes et vos limites réclame du courage, de l'audace et une bonne dose d'amour-propre.

Comme nous ne sommes pas décidés à nous refuser les choses et les expériences qui nous font vibrer par peur de gêner les autres, nous allons devenir hyper-doués pour poser des limites.

Pour vous aider à poser les limites qui vous seront bénéfiques, donnez à votre nouvelle habitude l'espace qui lui est nécessaire pour s'enraciner. Et pour que vous puissiez développer des échanges plus authentiques avec votre entourage, démolissons ensemble les trois cafouillages classiques en matière de limites.

1. Trop de oui + le moindre conflit, même minuscule = dire oui quand vous voulez dire non.

Dire constamment oui alors que vous aimeriez vraiment dire non constitue le problème de limites le plus connu. C'est une manière pour beaucoup de gens de rechercher l'amour et l'approbation, et c'est particulièrement fréquent chez les femmes, du fait de la société patriarcale dans laquelle nous grandissons. Celle-ci nous apprend que ce n'est pas très distingué pour une femme de défendre son bout de gras ou de donner la priorité à ses propres besoins. Contentons-nous de tracer notre route en répondant par un franc et massif : « Non, certainement pas. »

Voici ce à quoi ressemblent des limites « oui-alors-qu'on-voudrait-dire-non » : vous faites les boutiques avec une amie qui essaie un milliard de robes pour un événement professionnel. Vous avez déjà passé quelques heures en sa compagnie et vous devez rentrer chez vous. En effet, c'est votre ex qui garde les enfants ce soir, et c'est le seul moment de la semaine où vous avez le temps de vous offrir un fabuleux dîner, de prendre un bain, de vous faire un gommage, de vous détendre et de regarder un film. Vous fantasmez sur cette soirée en solitaire parce que vous vous êtes occupée de votre famille et que vous avez bossé comme une dingue toute la semaine, mais vous vous laissez convaincre, à regret, de rester avec votre amie. Elle dit des choses comme : « Je t'ai aidée à choisir une robe pour le mariage de ton frère. Tu es tellement meilleure que moi pour savoir ce qui me va. Cette soirée compte énormément pour moi. J'ai vraiment besoin de toi, ça ne prendra que dix minutes, c'est promis. » Elle vous tartine d'une couche épaisse et bien gluante de culpabilité, et avant d'avoir compris ce qui se passe, vous acceptez son besoin d'avoir une partenaire de shopping au lieu de préserver votre besoin de rentrer chez vous pour vous chouchouter. À cause de vos limites lamentables, vous vous retrouvez à passer encore des heures dans les boutiques, puis vous rentrez chez vous, vous avalez vite fait un truc et vous vous écroulez de fatigue, furieuse contre votre amie et contre vous-même, l'épiderme toujours pas exfolié.

Au lieu de quoi, vous auriez pu fixer vos limites et dire à votre amie que vous aviez passé un super moment avec elle, que vous aviez hâte de voir sa robe quand elle l'aura choisie, mais que vous deviez rentrer tôt et que c'est ce que vous alliez faire. En posant ces limites, au lieu de vous sentir responsable des sentiments et des réactions de votre amie, vous lui auriez transféré cette responsabilité. Ces limites vous rappellent (ainsi qu'à votre amie, même si elle peut avoir du mal à l'admettre) que c'est son choix, et que ça n'est pas votre problème si elle décide d'être : 1) déçue ou fâchée ; 2) impressionnée et stimulée par votre fermeté et votre engagement à prendre soin de vous ; 3) reconnaissante pour ce moment qu'elle a pu passer avec vous ; 4) un mélange de tout ça.

Voici quelques-unes des meilleures manières de transformer vos oui de mauvaise grâce en non lorsque la nécessité s'en fait sentir :

* **Faites le point sur vos besoins.** Pensez à la nouvelle habitude que vous aimeriez introduire dans votre vie et soyez lucide sur les limites que vous allez devoir mettre en place pour favoriser cette habitude. Par exemple, si vous voulez prendre l'habitude d'enregistrer un podcast hebdomadaire sur vos groupes préférés, vous aurez besoin de temps pour vos recherches et pour régler toutes les questions techniques ; il vous faudra peut-être embaucher une aide technique ou une personne pour la production, installer un studio, et réaliser les enregistrements. La principale limite que vous allez devoir fixer consistera très probablement à protéger votre temps, ce qui signifie que vous devrez peut-être commencer à refuser certaines demandes de votre famille (faire cent pour cent des courses, être toujours disponible pour conduire les enfants faire du shopping, écouter les histoires interminables de votre mari sur son collègue de bureau Benoît Bouchencœur. Vous devrez peut-être aussi dire non à vos amis, oublier les déjeuners hebdomadaires avec votre bande ou réduire vos bavardages téléphoniques.

Et puis il y a les limites que vous avez besoin de vous fixer : par exemple, ne plus perdre votre temps sur les réseaux sociaux en regardant des photos de bébés animaux et, de manière générale, avoir une meilleure gestion de votre temps. Vous allez également devoir être ferme avec vos pensées d'auto-sabotage telles que : « Mais pour qui je me prends avec ce podcast, à vouloir faire entendre ma voix ? » Vous allez devoir dire non à votre peur d'avoir l'air débile face à vos auditeurs, dire non à la trouille qu'aucun invité sollicité ne vous trouve assez bien pour participer à votre interview, dire non à la crainte de tout laisser tomber au bout de quelques semaines. Vous devrez aussi décliner les suggestions d'amis qui vous proposent d'interviewer leurs groupes préférés (qui sont nazes) et refuser les groupes pas terribles qui voudront participer à votre podcast.

Prenez le temps d'analyser à l'avance où se situeront les non difficiles à exprimer, cela vous aidera à camper sur vos positions le moment venu au lieu d'être pris au dépourvu.

* **Regardez votre peur en face.** Il y a de fortes chances pour qu'une peur ou une autre pointent le bout de leur nez alors que vous faites le point sur vos besoins et sur les non qu'ils impliquent, sinon vous n'auriez sans doute pas dit oui à contre-cœur pendant autant de temps. Une excellente manière de désamorcer vos peurs consiste à les décomposer. Entrez dans les détails de votre angoisse : « J'ai peur que ma copine Mary soit fâchée si je lui dis que je ne parlerai pas de son groupe de flûte de pan favori dans mon podcast. » Et alors ? « Alors, je me sentirai coupable. » Et alors ? « Alors, il y aura un malaise entre nous. » Et alors ? « Alors, je suppose qu'elle finira par s'en remettre, ou pas. » Et alors ? « Alors, soit on redeviendra copines, soit elle ne m'adressera plus jamais la parole. » Et alors ? « Alors, dans tous les cas, ma vie reprendra son cours. » Presque toujours, l'exercice de démantèlement d'une peur ressemble à une montagne qui accouche d'une souris. Et c'est

généralement un peu déstabilisant : on s'aperçoit alors que si Mary se remet de sa déception, c'est que nos peurs sont finalement infondées ; et si elle choisit de ne plus nous adresser la parole sous prétexte que nous faisons des choix à propos de quelque chose qui ne la regarde pas, elle n'est vraiment pas le genre de personne dont nous avons envie d'être proches.

Je tiens aussi à préciser à ce stade que, si vous avez l'impression que vos peurs sont insurmontables, si elles ont un pouvoir réellement débilitant sur vous, vous devriez vous bouger les fesses pour aller les poser chez un thérapeute. Nos problèmes pour poser des limites sont parfois incroyablement profonds. Ne lanternez pas trois siècles avant de vous décider à changer de vie pour de bon : si vous avez du mal à affronter vos démons, entamer une thérapie sera un travail sur vous très profitable pour continuer de changer.

* **Apprivoisez vos non.** Dire oui quand vous voulez dire non est une habitude comme une autre. Alors, commencez à vous identifier à une personne sachant facilement dire non. Voyez-vous comme quelqu'un qui prend position, qui accorde de la valeur à ses propres besoins, et qui craint bien plus de vivre une vie inauthentique que de se faire gronder.

Lorsque vous dites non aux besoins des autres, vous ne faites pas preuve de méchanceté à leur égard, mais de bonté envers vous-même.

Oui, nous avons tous des compromis à faire dans nos relations, mais il y a une différence entre faire des compromis et se laisser constamment marcher sur les pieds. Vous pouvez prendre soin des gens que vous aimez ET prendre soin de vous-même, et lorsque vous dites toujours oui, c'est vous que vous faites morfler (tout en permettant aux autres de mal se comporter, bien souvent). Fixer de bonnes limites, c'est toujours une question d'amour-propre. Soyez quelqu'un qui s'aime et aime les autres, et vous découvrirez qu'en disant non, vous commencerez à vous sentir puissant plutôt que coupable.

* **Sachez qui vous met le plus de bâtons dans les roues.** On a tous des gens dans notre entourage à qui on a du mal à dire non, même quand on le voudrait vraiment. Ayez une vision nette des personnes qui excellent à gagner les disputes, à faire vibrer la corde de la culpabilité et à vous ficher la trouille comme jamais, de façon à vous blinder pour être prêt à dégainer un non ferme et posé quand ces personnes vous pousseront dans vos retranchements.

* **Entraînez-vous en lieu sûr.** Exercez-vous à refuser des choses faciles pour vous. Dites non à la vendeuse qui veut vous vaporiser un nuage de parfum ; dites non à la voisine fouineuse qui vous invite à l'apéro pour se plaindre des Campbell, du trottoir d'en face ; dites non quand l'association de parents d'élèves vous sollicite pour sa soirée annuelle de levée de fonds, dites non à l'employée de la boutique de fringues venue vous voir dans votre cabine d'essayage avec une pile de tee-shirts qui vous iraient super-bien, à son avis. Dites simplement non. C'est comme un jeu ! Et vous gagnez des points supplémentaires si vous vous empêchez de vous excuser.

* **Apprenez la langue du non.** Savoir manier le non n'est qu'une question de clarté, de gentillesse, de vitesse, de cohérence et de conviction. « Non » est un mot simple, court, qui ne recèle pas d'interminables explications, de longues justifications, d'excuses, d'émotions particulières ni de rétropédalage.

Voici quelques règles générales pour bien dire non.

- **Il s'agit de vous, pas d'eux.** Ce n'est pas « Tu es beaucoup trop bavard, je n'en peux plus, tu n'as rien d'autre à faire ? », mais plutôt : « Je dois limiter mes coups de fil parce que j'ai vraiment beaucoup de travail, alors je ne peux t'avoir au téléphone qu'une fois par semaine. » Ne faites pas dans le sentimental, n'essayez pas de deviner ce que pense votre interlocuteur, ne vous inquiétez pas s'il se fâche : c'est son problème, pas le vôtre.

- **Soyez direct en allant droit au but.** Par exemple en disant : « Appelle-moi avant de passer, s'il te plaît. Merci à tous d'être venus à ma fête, mais je vais aller me coucher maintenant, donc il faut que vous leviez le camp. » ; « Je n'aime pas faire la bise, mais c'est un plaisir de vous rencontrer ». Et le classique « Non, merci ». Les formules de refus efficaces commencent souvent par : « J'ai besoin de... » ; « Je ne tiens pas à... » ; « Je ne peux pas... » ; « Ce n'est pas mon truc de... » ; « Je ne vais pas... » ; « Je vous saurai gré de... » ; etc.

- **Gardez-vous une marge de sécurité.** Dans la mesure où vous serez parfois pris au dépourvu, et parce que vous être en train de muscler votre non, si jamais vous vous sentez nerveux ou confus et qu'un oui dégoulinant vous semble être la façon la plus simple de vous tirer de là, dégainez un « Je ne peux pas donner de réponse tout de suite » ou « Je vais y réfléchir », ou encore : « Je vérifie mon agenda et je te tiens au courant. » Au lieu de vous attendre à devenir le maître du non en un claquement de doigts, gardez sous le coude des phrases comme celles-là, qui vous permettront de gagner un peu de temps. Ainsi, vous perdrez l'habitude de tout accepter immédiatement juste pour échapper à votre inconfort.

2. Trop de non + n'importe quel concept ou idée vous mettant mal à l'aise = dire non quand cela vous desservirait moins de dire oui.

Ma mère est le genre de personne capable de pondre une blague à partir de n'importe quelle situation, que le sujet soit sombre, réconfortant ou ennuyeux comme la pluie. Par exemple, lors d'une magnifique après-midi de printemps, nous étions assises toutes les deux dans mon jardin à regarder les oiseaux gazouiller en savourant une douce brise, entourées d'une miraculeuse explosion de fleurs. Nous étions en plein recueillement face à tant de beauté, totalement submergées par la sérénité et la gratitude ; du moins c'est ce que je croyais, jusqu'à ce que Maman rompe le charme avec ce commentaire : « Je détesterais être un oiseau. Imagine, tu dois construire ta maison avec ton visage ! » Elle en sort régulièrement de belles, mais comme beaucoup de gens, elle se cache aussi derrière son humour pour éviter la souffrance et l'inconfort ; Elle est toujours prompte à en faire des tonnes quand une conversation pénible se profile, ou quand elle ressent quelque chose qu'elle ne veut pas ressentir.

Maman a été élevée par des WASP* pleins de bonnes intentions, mais bien à fond dans leur délire : ils croyaient qu'il faut à tout prix éviter de montrer ses émotions, et que si l'on doit vraiment en laisser sortir une, pour l'amour du Ciel, merci de le faire dans la pièce d'à côté. Grâce à des années de thérapie, et en forçant mon petit cœur frémissant à s'ouvrir, j'ai pu arrêter de participer à cette tradition familiale

---

* Acronyme de « White Anglo-Saxon Protestants », qui désigne l'archétype des immigrants protestants d'Europe du Nord (essentiellement britanniques, hollandais et allemands) qui ont structuré la « nation américaine ».

consistant à emmurer ses sentiments. Cela étant, je ne suis pas non plus d'une sérénité à toute épreuve. J'ai des amies qui, au beau milieu d'une crise ou d'un craquage, décrochent leur téléphone pour m'appeler, sanglotant à si gros bouillons qu'elles sont à peine capables de respirer ou de parler. Et moi, à l'autre bout du fil, je me raidis instantanément, abasourdie, plus choquée que si elles s'étaient pointées toutes nues devant ma porte. Ces amies me rappellent presque toujours un peu plus tard, confuses et embarrassées, mais je trouve que ce genre de vulnérabilité est sidérant de courage et hautement supérieur.

En d'autres termes, si vous avez le chic pour dire non, si vous vous débrouillez tout seul à tout prix plutôt que d'aller chercher l'aide dont vous avez besoin, je vous comprends.

Quand on pèche par excès de non, c'est qu'on a peur de faire fuir les gens en leur laissant entrevoir cet aspect de nous qu'on estime faible, brisé, dépendant ou pesant. Nous ne voulons pas risquer d'être dévastés par le rejet de notre demande d'amour. Nous ne voulons pas risquer de nous exposer au ridicule, ou de nous retrouver étouffés par les besoins des autres. Nous préférons « jouer la sécurité », garder le contrôle de nos émotions, de notre environnement et de nos cœurs. Nous construisons des forteresses de « Tout va bien, je gère, c'est bon », alors que nous hissons tout seuls un éléphant (métaphorique ou littéral) en haut d'un escalier.

Les limites ne sont pas des murs rigides,
elles respirent et se déplacent, au gré de la complexité de la vie
et des nuances de chaque situation.

Il m'a fallu une éternité pour engager un assistant, une directrice d'exploitation et un comptable pour ma boîte, même une fois que l'argent a commencé à rentrer, parce que j'étais complètement habituée à tout faire moi-même et que je ne voulais pas lâcher prise en déléguant. J'ai également déjà déménagé des maisons entières toute seule, et un jour, j'ai aidé des amis à jardiner le lendemain d'une rupture amoureuse, en choisissant d'aller furtivement pleurer dans les toilettes et en prétendant avoir attrapé un rhume plutôt que de leur dire que j'étais au fond du trou. Le fait de prendre de la bouteille a miraculeusement amélioré mes capacités à poser des limites, et depuis que j'ai dépassé la cinquantaine, j'ai remarqué que dire oui, ou non, ou « Je crois qu'on a un problème », ou encore « Dégage d'ici » – en fonction de la situation – me vient beaucoup plus facilement. Mon père, qui a vécu jusqu'à l'âge de 92 ans, le résumait très bien : « Je ne sais pas si en vieillissant on devient plus sage ou seulement plus fatigué. » Je crois que c'est un peu les deux : en vieillissant, on gagne (avec un peu de chance) en sagesse à force de multiplier les moments de confrontation avec nos conneries et avec celles des autres. Et l'on a aussi littéralement moins d'énergie pour tolérer tout le cinéma qu'engendrent des limites branlantes. Mais n'ayez crainte, vous n'avez pas à attendre de vous déplacer avec un déambulateur pour apprendre à bien poser vos limites. Vous pouvez commencer tout de suite : prenez conscience de vos schémas de fonctionnement, entraînez-vous à appuyer sur la pédale de frein dans les situations où vous êtes tenté de compromettre les limites que vous avez vraiment besoin de poser, et revendiquez courageusement votre espace. Face au problème du non trop fréquent, voici quelques bonnes façons d'abattre vos murailles pour laisser circuler les oui.

* **Faites le point sur vos besoins.** Si vous souffrez d'un excès de non, vous avez probablement du mal à reconnaître l'exis-

tence même de vos besoins. Histoire de dégager des endroits où il serait utile de retirer quelques pierres de vos murs, songez à une habitude que vous aimeriez adopter, et faites l'exercice qui suit dans le contexte de cette habitude. Par exemple, mettons que vous aimeriez prendre le pli de jouer au tennis cinq fois par semaine. Vous allez forcément devoir vous décarcasser pour trouver des partenaires de jeu, en plus d'aller vous exposer, vous et votre revers pourri, sur le court au vu et au su de tous. Si vous voulez progresser, vous allez devoir engager un pro pour vous donner des leçons, ou peut-être demander des conseils à la joueuse du court d'à côté qui a un style épatant. Vous allez devoir dire oui au fait d'aller jouer même les jours où vous ne le sentez pas trop, pour ne pas laisser tomber vos partenaires. Vous allez devoir trouver du temps pour jouer ; peut-être aurez-vous besoin de demander à un ami qu'il aille chercher vos enfants à l'école, ou à votre conjoint d'accueillir le plombier à votre place parce que vous avez un match programmé.

* **Affrontez votre peur.** Voici quelques peurs qui risquent d'apparaître avec le fait de dire oui dans le scénario ci-dessus : si vous proposez à des gens de jouer avec vous, ils risquent de refuser, et vous de vous sentir rejeté. Ils risquent de dire oui, et vous de découvrir, après avoir joué avec eux quelques fois, qu'ils sont incapables de faire passer la balle au-dessus du filet même si leur vie en dépendait, ou bien que ce sont d'insupportables moulins à paroles et que vous vous sentez pris au piège. Ou bien eux s'apercevront que vous n'avez pas un très bon jeu, ou qu'ils ne vous apprécient pas énormément, et revoilà le sentiment de rejet. Vous risquez d'avoir l'air bête devant tout le monde en ratant une balle, de perdre votre sang-froid, de vous prendre les pieds dans le filet en voulant

sauter par-dessus après avoir remporté le premier set, et d'en rester mortifié à tout jamais. Vous vous sentirez peut-être pénible et agaçant à demander à votre ami et à votre conjoint de vous aider, et il est possible que vous changiez d'avis à propos du tennis, et que vous soyez contrarié d'avoir gaspillé du temps et de l'argent pour découvrir qu'en fait, ce n'était pas une activité qui vous convenait.

Une fois que vous avez votre liste de peurs, notez celles qui vous frappent particulièrement. Par exemple, déconstruisons la crainte que vos nouveaux partenaires de tennis découvrent votre niveau médiocre ou s'aperçoivent qu'ils ne vous apprécient pas tellement. Et si c'était vrai, que se passerait-il ? « On aurait sans doute une discussion gênante où ils me diraient que ça ne va pas le faire, ou bien j'inventerais une excuse pour arrêter. » Et alors ? « Alors, je me sentirais bête et embarrassé. » Et alors ? « Alors j'imagine que je devrais trouver d'autres gens avec qui jouer. » Est-ce inconfortable ? Oui. Est-ce la fin du monde ? Non. Et pourtant, cet inconfort vous a maintenu jusque-là dans la logique de dire non. Apprendre à assumer vos oui est donc très important.

✶ **Apprivoisez vos oui.** Dire non en permanence n'est pas étranger au fait de protéger votre ego, d'être terrorisé par la critique et le rejet, et de craindre de perdre le contrôle ou d'être moins aimé. Plus vous parvenez à vous identifier comme une personne ne prenant pas les choses personnellement, plus il vous sera facile de baisser la garde. Voyez-vous comme quelqu'un qui choisit de rire d'être évincé, ou de se voir refourguer la tâche d'informer un joueur agaçant qu'on a trouvé une autre partenaire avec qui ça colle mieux. Relativisez. Rendez-vous compte que c'est en disant oui qu'on prend part à la vie, et que la vie est bien plus agréable quand elle est pleinement vécue. Imaginez que le mot « oui » est aérien, doux et lumineux, tandis que le mot « non » est sombre et pesant. Ayez de la gratitude pour toute l'aisance, l'amour, l'aide et l'amusement que le oui va apporter à votre vie, et laissez votre carapace se fendiller.

* **Sachez qui vous met le plus de bâtons dans les roues.** Auprès de quelles personnes avez-vous le plus de mal à vous ouvrir, et pourquoi ? Soyez honnête et précis, déconstruisez toutes les peurs qui se présentent, et exposez-vous graduellement. Par exemple, si vous avez un ami qui vous a toujours admiré et que vous ne voulez pas être vulnérable ou faible face à lui par peur de le décevoir, commencez par lui faire part d'une petite crainte ou d'un léger souci, et demandez-lui son aide. S'il y a une personne que vous aimez beaucoup, mais dont vous craignez qu'elle vous étouffe si vous la laissez s'approcher un tant soit peu, ouvrez lentement les barrières, mais seulement d'un cran à la fois. Par exemple, dites-lui que vous n'avez que dix minutes pour bavarder, mais que vous êtes tout ouïe si elle a besoin de s'épancher sur sa dernière rupture. Identifiez les personnes dont vous avez envie de vous rapprocher, trouvez les demandes particulières que vous pouvez leur adresser, ou les services que vous pouvez leur rendre, et développez tout doucement une plus grande connivence avec elles.

* **Entraînez-vous en lieu sûr.** Demandez à un inconnu de vous tenir la porte, ou prenez l'habitude de la tenir aux autres. Faites un compliment inattendu à une bonne amie, ou rendez service à votre partenaire sans qu'elle vous l'ait demandé, et constatez combien c'est plaisant. Prononcez autant de petits oui qu'il vous en vient à l'esprit : ainsi, vous recâblerez votre

cerveau en lui faisant comprendre que le oui est une bonne chose.

* **Apprenez la langue du oui.** Savoir manier le oui consiste à apprendre à reconnaître ces moments où il vous serait bon et utile de vous ouvrir aux autres, et de fendiller cette carapace qui protège votre cœur. Apprenez à demander de l'aide, des conseils, de l'affection ou tout autre chose qui pourrait vous faire défaut, et faites savoir aux autres que vous êtes également là pour eux. Ralentissez, ouvrez vos oreilles et votre cœur pour apprendre à écouter les sentiments des autres, et à partager courageusement les vôtres.

Si vous apprenez à dire oui, il vous faudra accepter une petite dose d'inconfort et d'embarras.

- **Même si vous êtes la star de votre existence, vous êtes au mieux un second rôle dans la vie des autres.** Au lieu de contenir votre raz-de-marée lacrymal, pleurez donc devant la vétérinaire quand elle emmène votre vieille chatte édentée dans la salle d'examens pour une biopsie. Elle en a vu d'autres, ce n'est pas bien grave.

- **Exprimez le fond de votre pensée, formulez vos besoins.** Dites à quelqu'un que vous l'aimez quand vous vous sentez tout retourné. Admettez que vous vous sentez effrayé, solitaire, et que ça vous aiderait qu'un ami relise le profil que vous avez rédigé sur un site de rencontres, même si vous êtes mortifié rien qu'à l'idée de l'avoir publié. En apprenant à laisser l'amour circuler librement entre vous et le monde extérieur (même si vous pensez ne pas en avoir besoin), vous libérerez plus facilement tout ce qui semble rigide ou coincé dans votre vie.

- **Acceptez qu'une bonne communication réclame du travail.** Vous avez le droit d'admettre qu'il vous est difficile de vous ouvrir aux autres. Alors, lâchez-vous un peu la grappe et faites confiance à ceux qui méritent votre intimité : eux aussi feront preuve d'indulgence.

3. Trop de contrôle + les choses, personnes ou les situations que vous voulez contrôler ou qui veulent vous contrôler = un nouveau tas de confusion, d'isolement, de ressentiment et de mauvais comportements.

Ma sœur Jill a 5 ans de moins que moi, et enfants, comme dans beaucoup de relations sœur aînée-sœur cadette, elle m'admirait éperdument tandis que, de mon côté, je passais le plus clair de mon temps à lever les yeux au ciel et à essayer de me débarrasser de ce pot de colle. Enfin, jusqu'au moment où j'avais faim. On jouait à ce « jeu » où je lui disais : « Fonce à la cuisine, prépare des sandwichs au beurre de cacahouète et à la confiture pour ma copine et moi, et sers-nous aussi deux grands verres de lait. Je vais te chronométrer pour voir si tu peux le faire en six minutes et vingt-sept secondes ! » Jill partait comme une flèche pendant que ma copine et moi reprenions la scène où nos poupées travaillaient dans un cabinet dentaire. Ma petite sœur revenait quelques minutes plus tard avec notre casse-croûte. Bien sûr, je n'avais pas pris la peine de la chronométrer et, face à sa bouille avide, pleine d'espoir et terriblement mignonne – j'en ai pris conscience avec autant de recul que de culpabilité –, je procédais à une estimation bidon : « Euh, six minutes et quarante-sept secondes. Tu étais tout près du but, dommage ! Je suis sûre que tu feras mieux la prochaine fois. Maintenant, sors de ma chambre. »

Le désir de contrôler revêt diverses formes. Certains manipulent les autres pour leur faire faire des choses qu'ils ne feraient pas normalement, en leur faisant croire que c'est amusant ; d'autres sont experts pour vous séduire ou vous faire culpabiliser ; quelques-uns excellent dans l'art de tanner les gens jusqu'à obtenir ce qu'ils souhaitent ; et d'autres enfin sont des tyrans pur sucre. Les malades du contrôle n'en ont généralement rien à carrer des limites des autres et ont beaucoup de mal à entendre le mot « non ». Ou, plutôt, ils ne l'entendent pas du tout.

Une autre forme amusante de contrôle consiste à s'incruster de façon inconvenante dans la vie des autres en offrant constamment des conseils que personne n'a sollicités, en passant davantage de temps à améliorer la vie de son entourage plutôt que la sienne, ou à se mêler sans vergogne des affaires des autres : « Je vais prendre soin de ma meilleure amie fraîchement divorcée et de son enfant en m'installant chez elle ; je vais faire la cuisine et me rendre indispensable, avant de piquer une grosse crise et de lui en vouloir à mort quand elle aura trouvé un autre amoureux avec qui elle tournera la page. »

Prenez un moment pour réfléchir à tout ce qui peut clocher dans votre rapport au contrôle. Ouvrez l'œil : le désir de contrôle peut prendre sournoisement l'apparence du simple coup de main, de la prévenance ou de l'amitié. Analysez le rôle que vous jouez dans la vie des autres et interrogez-vous sur vos motivations : les aidez-vous réellement ? Vous incrustez-vous pour vous sentir nécessaire ? Écoutez votre intuition et faites-lui confiance si elle vous dit qu'une personne est un peu trop proche de vous pour que ce soit confortable. Observez attentivement vos actes, ce qui motive votre besoin de contrôle, puis prenez le temps de constater comment vous ressentez les gestes de votre entourage à votre égard en réalisant l'exercice qui suit. Les problèmes de limites liés au contrôle étant un peu différents des deux types de problèmes sur lesquels nous avons travaillé précédemment, je vous propose donc une légère variante dans le processus.

* **Sachez qui vous met le plus de bâtons dans les roues.** Pensez aux personnes de votre entourage que vous essayez de contrôler ou dont la vie forme un nœud presque étouffant avec la vôtre. Y a-t-il un ami dont vous prenez des nouvelles quotidiennement, voire peut-être plusieurs fois par jour, et que vous utilisez comme un substitut platonique à une relation intime ? Y a-t-il une personne que vous étouffez sous les conseils alors qu'elle ne vous a rien demandé ? Passez-vous un temps excessif à vous demander comment vous pourriez la « guérir » ? Demandez-vous à votre assistant de passer l'aspirateur dans votre bureau, de répondre aux SMS suffisants de votre ex dont vous n'avez pas envie de vous occuper, ou d'autres tâches ne correspondant pas à sa fiche de poste ? Étouffez-vous votre enfant par vos besoins émotionnels, en lui confiant (plutôt qu'à un ami, à un conjoint ou à un psy) votre solitude, vos peurs, vos problèmes conjugaux et votre regret de n'avoir pas fait davantage la fête quand vous étiez à la fac ?

* **Faites le point sur vos besoins.** À quel besoin vous efforcez-vous de répondre en essayant d'arranger les problèmes des autres ? Vous sentez-vous alors précieux, futé, considéré, aimé, ou puissant ? Êtes-vous obsédé par l'idée de sauver le mariage de votre amie parce que vous êtes incapable d'affronter les problèmes que pose le vôtre ? Est-ce qu'en manipulant votre voisin pour qu'il tonde votre pelouse après s'être

occupé de la sienne, vous vous sentez plus proche de lui et moins isolé ? Quel manque votre besoin de contrôle cherche-t-il à combler ?

* **Affrontez votre peur.** Quelles peurs ont surgi lorsque vous avez songé à lâcher prise quant aux besoins que vous avez listés ci-dessus ? Par exemple, mettons que vous renonciez à vous impliquer autant dans le naufrage conjugal de votre amie. Vous êtes toujours là pour elle, mais vous n'êtes plus disponible pour critiquer chaque texto que lui envoie son mari, vous n'écoutez plus sa litanie de plaintes soir après soir devant une bouteille de rosé et vous ne passez plus tout votre temps libre à chercher des dessins tordants sur la stupidité des hommes pour la distraire. Au contraire, vous posez une limite en lui déclarant que vous réfléchirez à des solutions avec elle, mais que vous ne vous complairez plus dans les récriminations sans fin. En cessant de vous concentrer sur elle, vous libérez tout un horizon sur votre propre vie, que vous devez alors regarder en face. Quelles peurs surviennent ? Peut-être avez-vous repoussé le projet de dire à votre conjoint que vous désirez quitter votre travail lucratif d'avocate pour devenir souffleuse de verre à plein temps, et que vous comptez sur lui pour faire bouillir la marmite pendant quelque temps ? Ou bien avez-vous la trouille d'admettre que votre vie conjugale ne vous apporte plus aucune joie et que vous devez y mettre fin ? Ou craignez-vous peut-être de ne plus servir à rien, de ne plus avoir de valeur, de ne plus avoir prise sur la vie de quelqu'un d'autre ? Soyez au clair sur vos peurs, appliquez-vous à les déconstruire et à leur montrer qui commande ici.

* **Apprivoisez le lâcher-prise.** Imaginez-vous prendre du recul et observer de loin la personne sur qui vous aviez mis le grappin. Regardez-la faire sa vie sans vos interventions

permanentes. Voyez-vous comme une personne sereine, utile, aimée et estimée qui donne un coup de main avec joie quand le besoin s'en fait sentir, et qui laisse les autres apprendre de leurs propres erreurs. Regardez-vous être cette personne distincte, complète et aimante, capable de créer tout ce qu'elle désire dans sa propre vie.

✶ **Apprenez la langue du lâcher-prise.** Admettre que l'on a lâché prise et communiquer à partir de cette nouvelle posture, c'est passer de la peur à la confiance. Entraînez-vous à freiner votre impulsion de réparer, de calmer, de critiquer, de monter au créneau, de contrecarrer, ou même d'être d'accord avec quelque chose. Respirez un coup, ralentissez et gardez ces éléments en tête en apprenant à vous installer tranquillement dans le lâcher-prise.

- **Cette langue est parfois celle du silence.** Entraînez-vous à écouter tout simplement, au lieu d'apporter des conseils et des suggestions. Apprenez à prononcer des phrases comme : « Est-ce que tu as besoin d'aide ? », « Comment puis-je te soutenir au mieux ? », « Veux-tu des conseils ou as-tu seulement besoin d'une oreille pour t'écouter ? », « Merci de l'aide que vous me proposez, mais je pense que je dois régler ce problème moi-même. » Et aussi : « Je suis ravie de t'aider avec X, mais je ne peux rien faire pour Y. »

- **Apprenez à parler et à écouter au-delà de la communication verbale.** Prêtez attention au langage corporel – ainsi qu'au langage verbal – de quelqu'un qui vous signifie « Non merci », « Bas les pattes » ou « Occupe-toi de tes oignons ». Et agissez comme on vous l'a demandé.

Plus vous développerez votre capacité à poser sainement vos propres limites et à respecter celles des autres, plus votre vie (comme celle de tout le monde) sera facile, joyeuse et réussie. Alors que nous nous embarquons dans l'adoption de votre nouvelle habitude, cette capacité à identifier, à dégainer et à mettre en place les limites dont vous avez besoin vous aidera à cultiver le pouvoir durable qui vous faisait peut-être défaut par le passé pour acquérir de bonnes habitudes. Les limites de badass sont l'arme secrète de tous les super-héros des habitudes.

J'ai arrêté de me laisser saper toute mon énergie (Jim, 45 ans)

Je suis régulièrement confronté à une personne agressive et très intense qui me fait partir au quart de tour. Je voulais vraiment réussir à me contrôler, réussir à ne pas mordre à l'hameçon et m'éviter de monter dans les tours, alors j'ai décidé de prendre l'habitude de rester en éveil et de prendre un instant de recul chaque fois que je sentais ce type prêt à démarrer. Désormais, je le regarde, et je me dis : « Cette personne fait son petit numéro… Laisse-la faire, mais n'entre pas dans son jeu. » C'est facile quand je ne suis pas son interlocuteur et que son agressivité n'est pas dirigée contre moi, parce qu'alors, ça ne me fait pas l'effet d'une attaque, et que, par conséquent, je n'ai pas de réaction de type « contre-attaque ou fuite ». Mais quand ça devient personnel, ce qui est déjà arrivé, je dois vraiment lutter pour rester calme et reprogrammer ma réaction ; c'est très dur parce que j'aurais tendance à vouloir surenchérir avec ma propre agressivité. Mais à présent, j'ai conscience de cette réaction de vouloir m'empoigner avec lui, et c'est cette prise de conscience qui me stoppe. C'est mon amorce.

Utilisez l'envie négative de réagir comme une amorce positive : quand vous sentez que vous commencez à vous énerver, prenez-la comme un rappel pour faire une pause, souffler un bon coup et prendre une meilleure décision.

Cette amorce me rappelle que je contrôle mes réactions et que je dois les mesurer. D'un seul coup, je me sens devenir fébrile, mes mains sont toutes froides et mon corps se raidit. Et cet inconfort physique me conduit à un rapide monologue intérieur. Je me rappelle que je dois me calmer, ralentir ma respiration pour contrer la montée d'adrénaline. Je reconnais l'émotion qui m'envahit, et je m'autorise à désapprouver la façon dont cette personne me fait réagir, mais je ne me laisse pas submerger par ce que je ressens. Puis je songe à mes prochaines paroles et à l'effet qu'elles auront, et je me demande ce que je souhaite, finalement. La réponse, c'est que je souhaite me sentir bien, mais aussi entendu et respecté. À la fin de l'interaction, je me sens fort et valorisé, alors qu'auparavant j'étais remonté comme un coucou et contrarié pendant des heures. Je n'ai pas l'impression de subir ou d'accepter l'agression, mais plutôt de lui opposer une certaine force de caractère, parce que je suis conscient de mes effets et que je fais des choix civilisés, difficiles et positifs durant la micro-seconde où tout cela se déroule.

CHAPITRE 3

DANS LA PEAU DE VOTRE NOUVEAU MOI

L'une de mes amies a récemment attiré mon attention sur une habitude que j'ignorais avoir. Après une boisson agréable, j'enchaîne sur un claquement de langue et un « Aaah ! » réjoui. Je suis sûre que cette célébration sonore a commencé comme une blague, mais cette hydratation très théâtrale est devenue une habitude dont je réalise avec horreur et amusement que je la pratique même quand je n'ai pas de public !

Vous devenez ce dont vous riez le plus.
Maniez la moquerie avec précaution.

Nous sommes tous criblés d'habitudes ; celles dont nous avons conscience et celles que nous ignorons avoir, celles que nous aimons, celles que nous détestons, celles que nous aimons et détestons à la fois, et celles qui ne sont que ce qu'elles sont : « Et voilà que j'enfile encore une culotte propre, comme tous les matins. » Nous ne sommes sans doute pas très nombreux à consacrer beaucoup de temps à réfléchir à nos habitudes, mais cela vaut le coup, au moment d'en adopter une nouvelle que nous avons choisie, de faire le point sur celles qui sont déjà en place. Et ce, pour plusieurs raisons.

* Il est encourageant de comprendre que vous avez déjà plusieurs excellentes habitudes.
* Prendre conscience de celles qui ne sont pas terribles vous permet de les modifier.
* C'est toujours bon de prendre le temps de mieux se connaître.
* En étudiant vos routines existantes, vous pouvez repérer des astuces utiles et des obstacles évitables, ce qui vous aidera dans l'acquisition de futures habitudes.

Afin de vous familiariser avec vos habitudes, prenez votre carnet et dressez trois listes : cinq bonnes habitudes que vous pensez avoir toujours eues (des comportements que vous ne vous rappelez pas consciemment avoir instaurés, mais qui font partie de votre identité), cinq habitudes que vous avez intentionnellement adoptées ou abandonnées avec succès et cinq améliorations que vous aimeriez apporter à vos habitudes.

Au début, vous aurez peut-être du mal à trouver de la matière pour ces listes, mais tenez bon, je vous promets que plus vous passerez de temps à réfléchir, plus les idées surgiront dans votre esprit. Par exemple, voici ce que j'ai moi-même trouvé :

* **Cinq bonnes habitudes que j'ai toujours eues :** être ordonnée, toujours dire s'il vous plaît et merci, encourager les autres, être reconnaissante, m'arrêter pour profiter du parfum des fleurs sur mon chemin.

- **Cinq habitudes acquises ou perdues à dessein :** arrêter de fumer, m'hydrater tous les matins au réveil, appeler ma maman tous les jours, évacuer le stress plus rapidement, être émotionnellement plus juste et plus disponible.
- **Cinq améliorations que j'aimerais apporter à mes habitudes :** ralentir, devenir une activiste plus impliquée, arrêter de me plaindre, ne plus grogner chaque fois que je me lève d'un siège (encore un truc qui a démarré comme une blague et que j'accomplis désormais en public, bruyamment), chanter davantage.

Les recherches ont démontré que pour vraiment nous tenir à une habitude, nous devons croire en notre capacité à changer. Si vous n'êtes pas certain de pouvoir transformer l'habitude sur laquelle vous travaillez, même si vous avez la *preuve* que vous avez essayé de changer par le passé, mais que vous avez échoué, il faut que vous soyez convaincu que vous pouvez quand même réussir. Sinon, vous n'allez pas vous casser le cul à réessayer (ou bien vous réessayerez, mais en bâclant le travail).

Relisez les deux premières listes que vous avez dressées (les bonnes habitudes qui vous sont presque naturelles et celles qui vous ont demandé un effort), et prenez un instant pour vous la raconter un peu et être fier de ce dont vous êtes capable. Vous avez choisi de faire de ces habitudes une partie de votre identité, que vous sachiez ou non, ce qui signifie que vous pouvez choisir d'accueillir les habitudes de votre troisième liste, celle des améliorations que vous aimeriez apporter.

C'est plus facile de se croire capable de quelque chose quand on a des preuves. Mais si vous tentez quelque chose pour la première fois, ou que ce n'est pas la première fois et que vous avez échoué jusque-là, vous pouvez réussir à croire que c'est possible en prenant la décision d'y croire. Croire n'est pas aussi difficile que vous le pensez peut-être. Nous décidons en permanence de croire à des trucs, en ayant peu ou pas de preuves de leur réalité. Nous décidons de croire en un dieu ; nous décidons de croire qu'on peut aller sur la Lune ; nous décidons de ne pas croire que notre nouvel amoureux est distant, indisponible et qu'il n'en a rien à carrer de nous parce qu'il a des biceps bien dessinés et un bateau. La foi est un muscle, et seule une décision inflexible peut vous permettre de faire travailler ce muscle, au point de repousser vos limites et de vous rendre capable de modifier une vieille habitude tenace.

Quand j'ai décidé de ne plus être fauchée, j'avais une foi assez vague et plutôt réduite dans le fait que je pourrais un jour réussir financièrement. Ma conviction était si faible et branlante que j'ai ressenti le besoin de construire une forteresse de détermination tout autour afin d'empêcher que ma foi ne se flétrisse et meure. Les premiers temps, j'ai décidé de me forcer à faire tous les trucs que je devais faire et qui me fichaient la trouille : surmonter mon syndrome de l'imposteur et annoncer au monde que j'étais coach, créer un site internet en y mettant une photo de moi maquillée, facturer mes services pour de vrai, et continuer de chercher des preuves indiquant que ce que je désirais était possible. Lentement, mais sûrement, cette décision a renforcé ma foi dans le fait que moi, Jen Sincero, je payerai un jour un supplément soute au lieu de porter tous mes pulls dans l'avion pour me contenter du bagage à main gratuit. Je ne me suis pas levée un beau matin en étant totalement persuadée que je pouvais gagner de l'argent ; j'ai seulement décidé de croire que je le pourrais.

Engagez-vous à changer, et la conviction suivra.

Une fois que vous aurez identifié une habitude sur laquelle vous souhaitez travailler à mesure que vous avancez dans la lecture de ce livre, je vous montrerai comment utiliser votre super-pouvoir de décision pour vous aider à l'ancrer. Reportez-vous à présent à votre troisième liste, celle des améliorations que vous aimeriez apporter à vos habitudes, et sélectionnez-en une ou bien choisissez autre chose qui compte vraiment pour vous. Dans l'idéal, vous opterez pour un changement qui vous inspire, mais pas quelque chose d'énorme que vous risquez d'abandonner avant d'avoir accompli le travail que nous nous apprêtons à faire : « Je vais courir quinze kilomètres tous les matins à partir de demain, même si j'étais tellement essoufflé d'avoir cavalé dans l'aéroport l'autre jour que j'ai dû demander un fauteuil roulant pour qu'on m'emmène jusqu'à la porte d'embarquement. J'ai fait de la course à pied à la fac, donc ça va aller. » L'objectif est de vous donner l'occasion d'expérimenter pleinement le processus de formation d'une habitude et d'observer de vrais résultats ; ce n'est pas de finir frustré, d'abandonner ou de vous faire un claquage dès le premier jour.

Prenez une, et une seule habitude que vous avez hâte de cultiver ou bien de jeter aux ordures, et qui vous donnerait :

- le sentiment d'être la personne que vous savez devoir être ;
- un sentiment d'*empowerment* (en clair, de pouvoir déployer vos capacités) ;
- une meilleure qualité de vie ;

* un sentiment de réussite (il faut donc que cette nouvelle habitude vous paraisse à votre portée, tout en étant quelque chose d'important dont vous pourrez vous vanter).

Au lieu de vous attacher à l'habitude elle-même, pensez au désir qui vous pousse à choisir cette habitude, puis faites de votre mieux pour vous assurer que vous avez opté pour le choix le plus sage possible. Par exemple, si votre désir est de perdre quinze kilos, mais que vous détestez les régimes et que vous n'en avez jamais suivi aucun plus de quelques semaines, au lieu de vous focaliser sur la perte de poids et la privation de vos aliments préférés, peut-être devriez-vous plutôt vous concentrer sur l'habitude de manger ce que vous aimez, mais en plus petites quantités. Si votre désir est d'avoir une meilleure relation avec votre partenaire, votre réussite ne dépend peut-être pas de l'habitude de passer davantage de soirées ensemble ou de cuisiner plus souvent à deux, mais de vous mettre à l'écouter réellement et à lui dire combien vous l'aimez, ou à éprouver de la gratitude pour toutes les raisons qui vous ont poussé à le choisir en premier lieu. J'ai l'habitude de prendre du vin chaque fois que je mange un steak ou un plat à base de sauce tomate, mais j'ai aussi l'habitude de très mal tenir l'alcool ces derniers temps ; ça m'empêche de dormir et je peux avoir la gueule de bois après un verre seulement. J'ai envisagé d'arrêter l'alcool, mais ça paraissait exagéré vu que je bois très peu. Alors, je me sers mon vin dans un petit verre à liqueur, ce qui me permet de le savourer sans souffrir le lendemain matin. J'ai répondu à mon désir de ne pas me sentir affreusement mal en diminuant l'alcool (relativement facile), pas en le supprimant totalement (plus difficile), et ça a fait l'affaire. Prenez un moment pour vous demander comment concevoir au mieux cette nouvelle habitude de façon à ce qu'elle reflète vos désirs, au lieu de sauter à pieds joints dans un sevrage brutal, de répéter vos précédentes tentatives infructueuses, ou de faire sans réfléchir ce que tout le monde fait ou vous dit de faire.

Lorsque vous aurez déterminé quelle sera cette habitude, verrouillez la décision de la faire advenir en imaginant dans le détail tout ce que cette réussite vous fera éprouver. Connectez-vous aux émotions qu'appelle votre désir d'être cette nouvelle personne. Accordez beaucoup plus d'importance à ce chemin que vous suivez, plutôt qu'à la nouvelle habitude proprement dite (parce que c'est bien le chemin qui compte le plus). Adoptez sans retenue l'identité de cette personne que vous serez en incarnant cette habitude, et tombez amoureux de l'être que vous devenez. Prenez conscience du fait qu'en devenant le genre de personne qui fait ce que vous avez entrepris, vous accomplissez un acte d'amour-propre et de respect de soi ; acquérir cette habitude signifie que vous croyez en vous et que vous faites ce qu'il faut pour vous donner tout ce que vous désirez et méritez.

Portez votre attention sur les désirs qui nourrissent l'habitude, pas sur l'habitude elle-même.

En décidant de changer votre vie, vous passez un accord tacite avec vous-même : vous êtes capable et vous méritez cette nouvelle identité. Décider d'améliorer votre vie, c'est en gros être super-sympa avec vous-même. C'est comme dire : « Cher moi, tu es important et je vais te dérouler le tapis rouge. » Rester sans rien faire, ignorer votre santé, votre bonheur, et faire semblant de ne pas avoir la discipline pour changer les choses que vous rêvez de changer, tout ça aussi, ce sont des décisions, des décisions qui signifient que vous avez conclu, en accord avec vous-même, que vous étiez incapable, indifférent, ou peut-être que vous ne méritiez pas cette nouvelle habitude. Je sais, c'est moche, hein ? Pourquoi vous comporter ainsi avec votre gentil moi ? Je pars du principe que si vous tenez ce livre, c'est que vous êtes déjà partant pour le tapis rouge, mais Dieu sait si nous pouvons tous parfois flancher dans notre résolution, aussi devons-nous rester conscients et tenir compte du fait que nous formons un tout en tant que personne ; autrement, dit, que nous ne sommes pas seulement les aspects de nous-mêmes que nous exhibons fièrement à la ronde.

Si vous gardez à l'esprit les deux facettes de cette identité (le moi qui s'aime et le moi qui ne se trouve pas super), cela vous aidera à tenir le cap. C'est pourquoi je vais maintenant vous demander de noter les détails concernant ces deux facettes : à quoi elles ressemblent et, surtout, ce qu'elles vous inspirent. Écrivez le scénario d'une journée ordinaire dans les deux versions, en partant du moment où vous sortez de votre lit pour préparer votre café et vous habiller : quel type d'angoisses ronge l'esprit du vous bof-bof ? Et le vous quatre étoiles, quels moments de cette journée attend-il avec impatience ? Brossez un tableau réaliste et détaillé de chaque version de votre vie pour vous rappeler qu'elles sont toutes les deux disponibles, selon ce que vous décidez de choisir. Servez-vous de la peur et de la répugnance envers la version pas terrible pour vous en propulser le plus loin possible, puis du frisson et de l'anticipation de la version géniale pour vous hisser jusqu'à elle. Vous finirez par complètement couper les ponts avec le vieux vous démotivé – et même, vous ne vous rappellerez honnêtement plus du tout de ce que ça fait d'être cette personne lorsque vous aurez pleinement endossé votre nouvelle identité –, mais la peur de rester coincé dans ses vieilles habitudes peut être un outil de départ utile pour vous bouger le train et faire ce qui doit être fait.

Quand j'ai décidé d'arrêter de fumer, je voulais me débarrasser de ma toux dégueulasse et j'en avais marre de puer la clope, mais je voulais surtout être quelqu'un qui respecte sa santé et montre à son corps chéri qu'il l'aime (ce corps qui, avec à peu près zéro aide de ma part, parvenait à continuer de fonctionner pour m'emmener partout dans le monde et me procurer un plaisir incroyable de diverses manières). Je voulais arrêter d'être cette fille forcée de sortir du cinéma avant la fin du film parce que le besoin de nicotine me tirait par la manche. Je voulais être aux commandes de ma vie, pas être commandée par une drogue à la con. Aujourd'hui, cela fait des décennies que je n'ai pas fumé, et je me rappelle à peine combien c'était affreux d'être enchaînée à cette vieille habitude, mais le dégoût a été très utile pour me motiver sur mon chemin vers l'arrêt du tabac. Les bonnes habitudes parlent de la personne que vous décidez d'être, pas de ce que vous décidez de faire, alors montez-vous le bourrichon avec l'image de votre moi en plein succès, et soyez vaguement écœuré par l'image de votre moi restant coincé où il est, puis servez-vous de ces sentiments et de ces émotions pour vous aider à tenir le coup.

Nous sommes guidés par les forces souvent opposées de l'émotion et de la logique, et si ça se résumait à un combat de catch, je miserais tout mon argent sur la victoire des émotions. Je veux dire, réfléchissez-y : combien de fois avez-vous fait quelque chose dont vous savez, de tout votre esprit adulte et raisonnable, que c'était une très mauvaise idée, mais qui dans votre cœur paraissait follement drôle, excitant ou irrésistible ? « Oh là là, ils organisent un salon de l'adoption ? Je sais qu'on n'a jamais ne serait-ce qu'évoqué l'idée d'avoir un chien, mais il faut qu'on adopte ce chiot, même si on est débordés et qu'on a déjà largement de quoi faire avec nos deux enfants en bas âge, parce que… non, mais regardez-moi cette bouille. Et il faut aussi qu'on prenne sa sœur tant qu'on y est, comme ça, il aura une compagne de jeux. »

Pour ancrer une nouvelle habitude, vous devez réussir à embarquer à la fois votre cœur et votre tête dans votre décision. Nous avons tendance à donner beaucoup plus de temps d'antenne à notre côté logique, alors je veux vraiment que vous fassiez l'effort de ressentir non seulement toutes les nuances de vos émotions, mais aussi de les revisiter aussi souvent que possible.

C'est pas votre cœur, et non pas votre tête, qui entretient la flamme en vous.

Savez-vous qui arrête sans problème de se gaver de frites ? C'est le type à qui son médecin annonce qu'il pourrait manger les pissenlits par la racine d'ici deux mois s'il ne change pas tout de suite sa façon de manger. Je propose ici de provoquer une réaction similaire, où l'on s'engage de tout son cœur, de toute sa tête, et d'un « Merde alors, je m'y mets ! », mais sans avoir nécessairement recours à un ultimatum aussi pressant et fatal.

Décidez d'incarner l'identité qui représente les désirs de votre cœur. Décidez de prendre des risques, de rater, de vous couvrir de ridicule, d'être victorieux, d'être aussi fidèle à vous-même que possible. Décidez de vous aimer malgré toutes les épreuves, toutes les erreurs et tous les faux départs. Restez concentré sur votre décision courageuse de changer de vie plutôt que de vous focaliser sur de quelconques attentes de perfection ou sur le désir de réussir immédiatement. Soyez parfaitement honnête : que se passera-t-il si vous décidez de faire la sourde oreille aux murmures de votre cœur ? Entrez dans les détails. Quelles seront les conséquences ? Dans quelle version de vous serez-vous coincé si vous pensez que vous ne pouvez pas avoir ce que vous désirez, ou que ça ne vaut pas la peine d'écouter vos désirs ? Comment voulez-vous la jouer, cette unique et fabuleuse partie qu'on appelle la vie ?

Je tiens à souligner ici que l'adoption d'habitudes qui déchirent ne concerne que ce que vous désirez, pas ce que vous pensez devoir désirer, ni ce que quiconque vous dicte. Nous sommes tous des créatures différentes, et l'idée qu'une personne se fait du succès pourrait consister à regarder des oiseaux toute la journée en compagnie d'autres mordus d'ornithologie, tandis que pour une autre, il pourrait s'agir d'aider à nourrir les enfants affamés du monde entier. Votre vie, vos choix. Je veux aussi préciser que tout le monde n'a pas la conviction absolue d'avoir été mis sur Terre pour une quête particulière. Vous cherchez peut-être seulement à ressentir certaines choses ou à explorer pour découvrir ce qui vous fait vibrer. Rien de tout ça n'est bien ou mal, il s'agit simplement de rester attentif à la boussole qui se trouve dans votre cœur, et de suivre la direction qu'elle indique.

Voici encore quelques idées à garder en tête tandis que nous cheminons vers la contrée des nouvelles habitudes.

1. Tenez-vous-en à une seule habitude pour tout le programme de vingt et un jours. Ne prétendez pas que votre habitude devient trop difficile ou trop ennuyeuse parce que vous avez choisi quelque chose qui ne vous convient pas. Ne cherchez pas à vous convaincre que vous avez choisi de faire cent abdos par jour alors que vous auriez dû choisir de dresser une liste de gratitude chaque soir. Tout ce qui améliorera votre vie sera difficile, sinon, vous auriez déjà adopté cette nouvelle habitude. L'excuse de la publicité mensongère est une porte de sortie trop facile, et une excellente manière de ne faire aucun progrès : en effet, il y aura toujours un stock illimité de « meilleures » idées, plus nouvelles, pas encore ennuyeuses.

2. Si vous tombez de cheval, remontez immédiatement en selle. Si vous arrêtez de fumer, mais que vous avez tiré une taffe à votre voisin pendant une soirée arrosée, ou si vous avez mangé une saucisse cocktail au mariage de votre ami alors que vous voulez devenir vegan, oubliez cet écart et reprenez où vous en étiez, ici et maintenant. La clé pour réussir malgré les dérapages consiste à remonter aussitôt à cheval au lieu de vous complaire (de vous prélasser ?) dans votre échec et de vous lamenter sur le constat de votre imperfection.

Le perfectionnisme,
c'est juste de la procrastination en tenue de soirée.

Si vous faites une pause dans votre nouvelle routine pendant plus d'un ou deux jours, vos anciennes manières vont revenir si vite que vous ne vous rappellerez même plus que vous étiez en train d'essayer de changer. Vos vieilles habitudes ont l'avantage de jouer à domicile. Elles vous tiennent compagnie depuis beaucoup plus longtemps que cette fabuleuse nouvelle habitude que vous développez – voire depuis toujours –, de sorte qu'elles ont un système de soutien bien plus costaud, avec la mémoire musculaire, la familiarité, et votre ancienne identité qui les encouragent. Si vous leur tendez une phalange, elles vous boufferont tout le bras, alors un rétablissement rapide est crucial si jamais vous vous plantez. Tous les jours, à toute heure, vous avez l'occasion de repartir de zéro. Le succès réside dans le pardon, l'oubli, la ténacité et votre capacité à vous remettre en route *prontissimo*.

3. Si vous avez déjà essayé d'adopter ou de larguer cette habitude, réfléchissez à ce que vous pourriez faire autrement cette fois. Et, surtout, à ce que vous pourriez faire différemment et qui se trouve bien au-delà de votre zone de confort. Par exemple, si vous avez déjà essayé de faire des longueurs à la piscine tous les matins et que vous avez tenu seulement quelques mois avant de vous essouffler, engagez un coach pour venir vous entraîner plusieurs fois par semaine et qui : a) soit vous coûte une blinde ; b) soit fixe des objectifs avec vous ; c) soit vous fiche la trouille. En voyage, cherchez des hôtels avec piscine ou situés près d'une piscine, pour pouvoir maintenir votre habitude. Inscrivez-vous à une course, entraînez-vous et parlez-en à tous vos amis. Suivez une thérapie pour explorer tout blocage psychologique que vous pourriez avoir à l'idée d'atteindre votre objectif.

Si vous voulez que cette habitude dure, il faut vous y prendre différemment cette fois. Devenez cette personne qui ne glandouille pas, identifiez-vous réellement à celle pour qui cette habitude est déjà une seconde nature, et voyez-vous habitué à nager à travers son regard.

Quand vous changez votre manière d'être, vous commencez à tout voir avec un nouveau regard : vous remarquez chez vous des aspects géniaux auxquels vous n'aviez jamais cru et vous vous rendez compte que vous déchirez tout.

C'est comme vous apercevoir tout à coup que vous êtes amoureux de votre meilleur ami : rien chez lui n'a changé, vous portiez simplement sur lui le regard de votre ancien moi, qui ne voyait en lui qu'un pote.

4. En suivant le processus jour après jour, prêtez attention aux suggestions qui fonctionnent le mieux pour vous, et notez-les dans votre carnet pour pouvoir les réutiliser à loisir.

Répétez le programme de vingt et un jours autant de fois que nécessaire, jusqu'à ce que votre habitude devienne automatique et que vous n'ayez plus besoin des petites roues fournies par ce livre. En arrivant au bout des vingt et un jours, si vous vous sentez encore un peu chancelant dans votre nouvelle vie, reprenez tranquillement au jour 1. S'il y a eu des jours qui vous ont vraiment aidé la première fois, vous n'avez sans doute pas besoin de refaire l'intégralité du programme, mais vous pouvez répéter seulement ces jours-là jusqu'à ce que votre nouvelle habitude soit bien ancrée dans votre caboche. C'est comme vous voulez : vous savez ce qui vous convient le mieux.

Combien de temps vous faudra-t-il pour prendre ce nouveau pli ? Tout est possible. J'ai lu des études disant que l'ancrage d'une habitude prenait vingt et un jours, j'ai entendu le chiffre de quatorze jours, on m'a dit aussi qu'il fallait compter soixante répétitions. D'après mon expérience et ce que j'ai pu observer, chaque nouvelle habitude demande un temps qui lui est propre. Après cinquante-quatre années à me passer du fil dentaire vite fait mal fait, il m'a fallu quatorze secondes pour accomplir ce geste scrupuleusement tous les matins, après une visite mémorable chez ma nouvelle dentiste. Elle s'était penchée sur moi avec un masque et ces espèces de jumelles inquiétantes qui permettent de voir jusqu'au tréfonds de votre âme. Elle avait disposé divers instruments pointus et tranchants sur un plateau, tout en faisant défiler les photos des gencives malades et délabrées de ceux qui étaient assez fous pour ne pas tenir compte de son credo : « Utilisez du fil dentaire, sinon c'est la cata pour vos gencives. » Avant cette séance, j'étais du genre à ne m'en servir qu'après avoir rongé un épi de maïs, ou bien je délogeais les bouts de viande coincés avec un cure-dents. Peut-être que j'en faisais profiter tout le monde et que je m'esquintais les dents en procédant comme ça. Ou peut-être pas. En tous cas, aujourd'hui, si je m'aperçois que j'ai oublié le rituel du fil dentaire, je renverse les tables et je bouscule les vieux qui lambinent sur mon passage pour me précipiter chez moi.

Je suggère que nous entamions ce voyage de transformation avec de l'attention, de l'enthousiasme, de la compassion et de la détermination ; soyez très impressionné par vous-même, qui répondez présent à l'appel jour après jour et faites le nécessaire pour rendre le monde meilleur. Et puis…

Ayez confiance : le SAV de l'Univers assure toujours.

J'ai arrêté de me ronger les ongles (Diana, 41 ans)

J'ai commencé à me ronger les ongles vers l'âge de 7 ans, quand mes parents ont divorcé. J'ai vraiment dû faire un gros travail psychologique pour arrêter, étant donné le lien profond avec ce traumatisme d'enfance. À l'âge adulte, j'ai suivi une thérapie pour tous les problèmes qui me minaient ; j'ai appris à faire face à la dépression et à l'anxiété en général, et à cesser de m'en prendre à mes ongles en particulier. Parallèlement à la thérapie, j'ai commencé à tenir un journal intime, chaque matin au réveil, où j'écris toutes mes pensées comme elles me viennent, sans chercher à les censurer ni à les embellir. L'écriture m'aide dans mon quotidien parce qu'elle me permet de rester connectée à moi-même : je dépose toutes mes émotions sur la page, ce qui m'évite de les exprimer inconsciemment par des manies néfastes. En plus de ce travail émotionnel, il fallait aussi que je m'occupe de l'aspect physique du problème, et je devais le faire très consciemment. J'ai décidé de m'offrir une manucure chaque semaine et c'est devenu un rituel incontournable, comme ma pratique du journal intime. J'ai évincé ma manie dégoûtante de me ronger les ongles pour la remplacer par ma nouvelle habitude de manucures hebdomadaires.

Poussez dehors votre mauvaise habitude en créant un nouveau comportement incompatible avec l'existence de l'ancien.

Non seulement les manucures m'ont débarrassée des petites peaux qui se dressaient sur mes doigts comme des invitations à être arrachées du bout des dents, mais en plus, comme j'avais du vernis, je n'avais pas envie de m'intoxiquer avec des produits chimiques. Et puis mes ongles étaient si jolis que je n'avais pas envie de les abîmer. Ensuite, j'ai commencé à être satisfaite de l'allure qu'ils avaient ; ma relation à mes mains est devenue différente et nouvelle. Avant, elles me faisaient toujours souffrir, mes doigts étaient ravagés et sanguinolents, puis mes mains sont devenues pimpantes et plus du tout douloureuses. J'ai troqué l'habitude d'avoir des mains moches qui me faisaient un mal de chien contre celle d'avoir de jolies mains en bonne santé. C'était il y a plusieurs décennies, et je ne me suis plus jamais rongé un seul ongle depuis.

CHAPITRE 4

VINGT ET UN JOURS POUR CHOPER DES HABITUDES BADASS

Maintenant que nous avons mis votre esprit en condition et choisi votre habitude, passons aux choses sérieuses. Cette partie du livre est conçue pour être utilisée comme un parcours sur lequel vous avancerez un jour à la fois pendant trois semaines. En y allant tranquillement, graduellement, vous éviterez de vous retrouver submergé, vous resterez impliqué et vous donnerez à votre nouvelle habitude le temps d'infuser. Voyez ce parcours comme un partenaire à qui vous rendez des comptes et qui passe tous les matins avec un outil pratique, un nouvel éclairage, ou un haussement de sourcils admiratif. Pour vous encourager, ce partenaire vous donne des tapes amicales dans le dos ou des coups de pied au cul pleins d'amour.

Dans votre carnet, écrivez en capitales le nom de l'habitude sur laquelle vous avez décidé de travailler. Cette habitude que vous avez choisie va devenir votre obsession, votre muse de l'accomplissement de soi. Vous allez vous concentrer sur elle et faire tout ce qui est en votre pouvoir pour l'incarner ; puis elle deviendra quelque chose qui fait partie de vous. Vous arrêterez sans doute d'aller la chercher à l'aéroport et de lui offrir des fleurs, parce que vous serez tellement habitué à elle que vous ne la remarquerez même plus. Ou à peine. Ensuite, puisque nous sommes des créatures en perpétuelle transformation, vous reporterez votre attention sur une autre habitude, plus neuve, plus percutante, et vous aurez alors la confiance, le savoir-faire et les outils pour vous l'approprier aussi.

OK, c'est parti !

JOUR 1
FORGEZ VOTRE MANTRA

L'un des outils les plus performants pour transformer ses habitudes est aussi l'un des plus simples : il s'agit du tout-puissant mantra. Que vous vous en rendiez compte ou pas, vous utilisez déjà tout le temps des mantras : « Je n'arrive pas à perdre ces kilos de grossesse » ; « J'ai toujours une chance de ouf pour trouver une place pour me garer » ; « Je déteste mes oreilles » ; « La vie est belle » ; « Je sors toujours avec des bouffons » ; etc. Vous avez déjà créé la « réalité » dans laquelle vous existez par le biais des pensées, des croyances, des mantras, des habitudes et des actions que vous avez répétées encore et encore au cours de votre existence.

Vous vivrez ce en quoi vous croyez. Et vous croirez ce que vous vous répéterez comme une vérité.

C'est pourquoi bazarder vos mantras pas terribles pour les remplacer par d'autres choisis soigneusement, à l'image de ce que vous souhaitez devenir (et répétés à l'envi), constitue un moyen puissant de changer votre vie.

Nos cerveaux sont comme des chiens enthousiastes qui ne demandent qu'à nous faire plaisir. Ils engloutiront n'importe quelle information que nous leur donnerons à manger, ils sauteront dans la voiture pour nous accompagner où que l'on décide d'aller, même si l'on choisit un chemin débile, et ils s'adapteront à notre humeur quelle qu'elle soit : « Je n'ai aucune idée de ce qui se passe, mais ces humains sont en train de rire et de danser, alors je vais aboyer et courir dans tous les sens, et même faire deux ou trois petits pipis d'excitation pour rester dans l'ambiance. »

Entraîner votre cerveau, c'est comme entraîner un chien à s'asseoir ou à venir au pied. Tout est question de sens, de simplicité, de récompenses et de répétition. Quand j'avais l'habitude d'être fauchée et que j'ai pris l'engagement de virer mon ancienne « vérité » qui disait « Je n'ai pas les moyens », j'ai commencé à me servir de ce nouveau mantra : « L'argent coule vers moi facilement et librement. » Et il a très bien fonctionné, parce que ces mots faisaient vibrer une corde sensible en moi ; je savais que l'argent coulait facilement vers certaines personnes, et même si je ne savais pas encore comment le faire couler vers moi, j'étais excitée par cette possibilité. L'idée de me surpasser pour que ça se produise me donnait une énergie dingue. Ce mantra m'a aussi entraînée à flairer toutes les miettes de vérité que je pouvais trouver pour me donner de l'espoir, et à persévérer pour trouver des miettes toujours plus grosses et toujours plus nombreuses. Pour toutes ces raisons, j'ai eu envie de le répéter un million de fois par jour, jusqu'à ce qu'il s'imprime en moi.

Je tiens aussi à préciser que, au départ, « L'argent coule vers moi facilement et librement » m'a paru incroyablement cucul et arrogant, mais il a fonctionné à merveille parce qu'il mettait précisément le doigt sur mon problème avec l'argent. (Et je vais vous expliquer comment dans une minute.) Alors que nous nous apprêtons à définir le mantra idéal pour vous, je vous demande de passer outre les « Et mon cul, c'est du poulet ? » et autres yeux au ciel que ces mots risquent de susciter, pour vous concentrer plutôt sur les émotions qu'ils provoquent en vous, et sur leur capacité à envoyer vos discours négatifs dans le mur. Peu importe que votre mantra vous semble crétin ou tiré par les cheveux aujourd'hui, vous n'en aurez plus rien à cirer le jour où vous savourerez la réalité qu'il décrit. Croyez-moi : il n'y a rien de cucul ni d'arrogant dans le fait de voir effectivement cet argent couler librement et sans effort vers moi désormais.

Pour trouver un mantra adapté à votre situation, il est utile de regarder du côté des croyances invalidantes que vous vous trimballez – le plus souvent inconsciemment – sur l'habitude que vous avez choisie. Prenez votre carnet et faisons un peu le ménage dans les coins pas très nets de votre esprit.

Asseyez-vous au calme et imaginez-vous en train de faire corps avec votre nouvelle habitude. Convoquez autant de détails que possible et ressentez ce que ça fait d'être cette nouvelle et meilleure version de vous-même. Quels aspects spécifiques de votre quotidien ont changé à la suite de ce que vous êtes devenu ? Quelles sensations physiques avez-vous ? Qu'est-ce qui vous gonfle à bloc ? Qu'êtes-vous à présent capable de faire, et qui était impossible avant ? Comment vous décrivez-vous ? À quoi ressemblez-vous ? Quels effets positifs cette nouvelle habitude a-t-elle sur vos proches ? Quels autres changements y a-t-il eu dans votre vie grâce à cette habitude ? Tout en vous imprégnant de ces détails, prêtez attention aux prétextes et aux objections qui vont pointer leur nez, et notez-les aussitôt.

Quand j'ai décidé de prendre ma réussite financière au sérieux, j'ai commencé à imaginer ce que ça ferait d'avoir chaque semaine un afflux constant de chèques de deux mille et cinq mille dollars dans ma boîte aux lettres. Je me suis vue au volant de l'Audi que j'avais envie d'acheter. Je me suis vue rembourser mes dettes, laisser de généreux pourboires, faire des dons, surprendre mes amis et ma famille en leur offrant des fleurs, des billets d'avion et des poneys, et j'ai savouré le soulagement d'être enfin libre financièrement.

Au départ, c'était palpitant d'imaginer ce futur, mais tandis que je me penchais sur les détails de ce que signifiait pour moi avoir de l'argent, d'autres voix ont commencé à émerger du marécage de mon inconscient : « Je ne pourrai jamais gagner autant de fric. D'où il viendrait, d'abord ? Du Crédit des Licornes ? Je n'ai pas les moyens de m'offrir cette voiture. En plus, elle va me coûter des fortunes au garage, et puis il lui faut de l'essence plus chère… Il faut que je redescende sur Terre ! Je ne suis pas le genre de personne à faire fortune. Et même si par miracle je devenais riche, tous les gens qui me connaissent penseraient que j'ai vendu mon âme au diable. Mes amis se moqueraient de moi, ou m'en voudraient, ou ils se mettraient tout à coup à faire comme si j'étais trop bien pour eux et ils me laisseraient tomber. Il faudrait que je fasse des trucs que je déteste pour gagner de l'argent, ce serait vraiment dur, et je ne crois pas que ça durerait de toute façon. Je vais dormir sur un futon pour le restant de mes jours. »

J'ai craché ainsi l'équivalent de plusieurs pages de bile sur mon incapacité à gagner de l'argent, le dégoût que m'inspirait l'argent, le sentiment de nullité que j'éprouvais vis-à-vis de moi-même et, je dois l'admettre, c'était plutôt triste et dégrisant. J'étais déjà au fait de ces sentiments d'impuissance, de frustration et d'insuffisance me concernant, mais quand j'ai pris le temps de regarder en face ces toxines mentales que je déversais sur moi-même et sur le monde, ça m'a fait comme un électrochoc.

Prendre le temps d'écrire sans filtre au sujet d'un domaine qui coince dans votre vie est l'une des meilleures manières de débusquer les croyances pernicieuses qui vous brident.

J'ai pris mes pages de pathos pour les relire et surligner les croyances les plus affreuses qui déclenchaient les réactions les plus intensément déplaisantes chez moi. Puis, pour écrire mon mantra, j'ai établi cinq règles élémentaires que je vous invite à suivre vous aussi.

1. Sélectionnez entre trois et cinq des plus gros crève-cœur et chausse-trappes dans la liste de vos objections et notez-les. (Écoutez vos émotions : prenez vraiment la peine de ressentir tout ce que vous écrivez et de remarquer ce qui est le plus à même de vous foutre en rogne, de vous faire pleurer ou de vous anéantir.)

2. Rédigez l'opposé de ces croyances négatives, en utilisant des mots et des phrases chargés de sens et d'émotion.

3. Commencez à réfléchir à de nouveaux mantras, en gardant des tournures positives (au lieu de « Je me sens tellement bien quand je ne fume pas », dites plutôt : « J'adore mes poumons bien roses et pleins de santé »). Attachez de l'importance et du ressenti à chaque mot.

4. Écrivez des tournures au présent uniquement.

5. Faites court.

Voici les croyances et les objections spécifiques qui m'ont le plus remuée quand j'ai parcouru à nouveau les pages que j'avais écrites sur ma relation à l'argent :

1. « Gagner de l'argent n'est pas l'un de mes atouts dans la vie, ça ne m'arrivera jamais. »

2. « Ce sera toujours difficile ou pas marrant pour moi de gagner de l'argent. »

3. « Si je parviens miraculeusement à gagner de l'argent, ce sera un coup de pot extraordinaire et le filon finira par s'épuiser. »

4. « Il est dangereux pour moi de gagner de l'argent, je vais perdre mes amis et ma famille, et j'aurai le cœur brisé. »

Une fois réunie la sélection de mes croyances les plus profondes et les plus douloureuses, j'ai commencé à les retourner pour rédiger mon nouveau mantra :

1. « Gagner de l'argent n'est pas l'un de mes atouts dans la vie, ça ne m'arrivera jamais » est devenu : « L'argent est tout autour de moi, il circule joyeusement et sans effort dans ma direction. »

2. « Ce sera toujours difficile ou pas marrant pour moi de gagner de l'argent » est devenu : « L'argent est facile et amusant à gagner, j'adore gagner de l'argent, je suis super-bonne pour gagner de l'argent. »

3. « Si je parviens miraculeusement à gagner de l'argent, ce sera un coup de pot extraordinaire et le filon finira par s'épuiser » est devenu : « L'argent est mon pote, il est là pour moi, je suis vouée à en gagner et il m'arrive à débit constant. »

4. « Il est dangereux pour moi de gagner de l'argent, je vais perdre mes amis et ma famille, et j'aurai le cœur brisé » est devenu : « Je peux avoir à la fois de l'argent et de l'amour, mes

amis et ma famille seront heureux pour moi, je suis vouée à recevoir de l'amour et de l'argent. »

Puis j'ai extrait toutes les nouvelles formulations positives et je les ai retravaillées en ôtant les mots qui me semblaient répétitifs ou pas aussi forts que les autres, et en ajoutant d'autres mots qui avaient plus de pêche. (Tenez bon, c'est important et on a presque terminé.) Ma nouvelle liste ressemblait à ça :

1. « L'argent est tout autour de moi et coule facilement vers moi. »
2. « L'argent est amusant et facile à gagner, j'adore gagner de l'argent. »
3. « Je suis vouée à gagner de l'argent. »
4. « Je peux avoir à la fois de l'amour et de l'argent, je suis libre de gagner de l'argent. »

Bien sûr, on pourrait tous avoir des mantras de plusieurs paragraphes si l'on voulait traiter tout ce qui nous met des bâtons dans les roues (Je ne suis pas la seule, n'est-ce pas ?), mais un mantra doit être court et percutant pour être facile à retenir et à répéter. Pour continuer à peaufiner mon mantra à ce stade, je l'ai retourné dans tous les sens et j'ai réalisé que l'aisance et la liberté étaient les concepts qui faisaient vraiment mouche pour moi ; toutes les affirmations positives que j'avais élaborées tournaient autour. Je me sentais tellement étranglée par le fait que tout était au-dessus de mes moyens ; si accablée, si emprisonnée par la croyance que l'argent n'était pas à ma portée ; si frustrée par la difficulté que j'avais à cracker le code pour comprendre comment en gagner. Je veux dire, il y a partout des crétins finis qui gagnent de l'argent à tour de bras, alors c'était quoi mon problème, bordel ?

J'ai entouré les mots « argent », « facile », « amusant », « amour », « libre » et « coule » parce qu'ils me paraissaient les plus significatifs ; ils étaient légers, puissants et libérateurs, et ils contraient les sentiments sombres, durs et lourds que j'avais. J'ai pris tous ces mots et j'ai joué avec pour obtenir des mantras comme :

- « L'argent est amusant à gagner, j'aime ça et il coule facilement vers moi. »
- « Je suis libre de gagner de l'argent, c'est facile et ça coule de source pour moi. »
- « Je gagne de l'argent librement et facilement, ça coule de source et c'est amusant. »

J'ai continué à jouer avec ces mots jusqu'à ce que je tombe sur quelque chose qui me semblait à la fois faisable et dingue : *L'argent coule vers moi facilement et librement.* Ce mantra était comme le pied qui se glisse dans la porte avant qu'elle se ferme, et il m'a permis de rester ouverte chaque fois qu'un « Je n'ai pas les moyens » essayait de revenir me brider.

Écrivez autant de versions que nécessaire de votre mantra en cours d'élaboration, en ajoutant des mots, en les intervertissant, jusqu'à ce que vous trouviez quelque chose qui sonne juste à vos oreilles. N'essayez pas de régler leur compte à toutes vos croyances négatives dans ce seul mantra ; l'essentiel, c'est que votre mantra vous donne de l'énergie, de l'espoir, de l'inspiration et peut-être le grain de folie qui vous rendra assez audacieux pour croire qu'une telle magnificence existe pour vous.

Voici quelques exemples rapides pour vous aider à créer votre propre mantra :

Nouvelle habitude : flirter avec quelqu'un de sexy tous les jours.

Objections : je flirte comme un pied, j'ai peur de me retrouver coincée à parler avec quelqu'un de rasoir, je vais me prendre des râteaux et être humiliée, je vais avoir l'air bête et morte de faim.

Mantra : je suis sexy, ouverte et digne d'être aimée ; j'attire mes âmes sœurs avec aisance et allégresse.

Nouvelle habitude : arrêter de fumer.

Objections : j'ai déjà essayé et raté tellement de fois, c'est dur, je suis tellement accro, j'adore fumer, ça me réconforte.

Mantra : je suis heureux et en bonne santé et j'aime avoir la maîtrise de mon existence.

Nouvelle habitude : écouter mieux.

Objections : je ne m'aperçois même pas que je parle autant, c'est dur d'y penser sur le coup, les gens peuvent être si barbants.

Mantra : j'aime écouter et apprendre. Je suis centré, attentif et je maîtrise mes actions.

Nouvelle habitude : agir tous les jours pour aider à sauver les forêts tropicales.

Objections : je suis déjà débordée, qu'est-ce que je pourrais bien faire pour changer les choses ? En plus, je pige que dalle à la politique, je ne sais pas quoi faire ni même par où commencer.

Mantra : c'est facile de changer les choses ; ça m'emplit de joie et j'apprends au fur et à mesure.

Pour l'élaboration de votre mantra, il faut par-dessus tout trouver les termes spécifiques qui vont contrer vos croyances négatives et susciter des émotions positives, excitantes et significatives. Cette partie du travail est cruciale ; votre mantra doit réellement avoir un effet profond sur vos émotions, sinon vous vous retrouverez à ânonner un tas de mots agaçants qui ne vous donneront pas envie de vous bouger ni de changer ce que vous avez à changer.

REMARQUE IMPORTANTE SUR LES MANTRAS : ne paniquez pas si, au début, vous avez du mal à croire à votre mantra ; tant que vous sentez un pincement d'excitation (c'est votre moi supérieur qui est en train de faire la roue), vous êtes sur la bonne voie. Décidez simplement d'y croire jusqu'à ce que ce soit effectivement le cas.

Une fois que vous aurez trouvé votre mantra, écrivez-le et répétez-le tous les jours, tout le temps. Dites-le à voix haute lorsque vous êtes au volant, dans votre tête au décollage de l'avion, quand vous promenez le chien, quand vous faites dîner vos enfants, quand vous vous brossez les dents, quand vous faites semblant d'écouter quelqu'un qui vous tient la jambe, quand vous faites la vaisselle ou je ne sais quoi encore. L'efficacité réside dans la répétition, et dans la connexion au sentiment d'excitation que ces mots font naître en vous. Délectez-vous de cette nouvelle réalité glorieuse qui se précipite vers vous chaque fois que vous répétez votre mantra.

Plus vous baignerez dans l'énergie correspondant à votre désir, moins vous aurez d'efforts à fournir pour l'attirer.

AUTRE REMARQUE IMPORTANTE SUR LES MANTRAS : si des objections continuent de surgir lorsque vous prononcez votre nouveau mantra, c'est bon signe. Votre ancienne identité se cabre et lutte pour survivre, ce qui signifie qu'elle se sent menacée car les choses sont en train de bouger. Utilisez votre nouveau mantra comme un club de golf pour renvoyer vos objections dans leurs tristes petits trous.

JOUR 2
METTEZ-VOUS EN CONDITION

L'une de mes expressions préférées est « à l'aise ». Le fait même de prononcer ces mots est agréable. C'est comme si l'on s'étirait pour se relaxer, et qu'on laissait échapper un profond soupir tout en défaisant le bouton de son pantalon. Vous savez qui d'autre aime les mots « à l'aise » ? Les habitudes. Plus vous vous arrangez pour qu'elles puissent se pointer à leur aise, plus elles viendront régulièrement. Comme tant d'autres entités dans la nature, les habitudes suivent le chemin offrant le moins de résistance : attirée par la gravité, l'eau contourne les rochers, déborde en cascades et rejoint le lit des rivières sans effort ; les oiseaux suivent le vent, les courants ascendants et autres phénomènes atmosphériques pour se déplacer avec un minimum de coups d'ailes ; mes déménageurs ont transporté mon matelas à travers le salon en marchant sur ma moquette blanche toute neuve au lieu de passer par la cuisine carrelée, parce que ce chemin était plus court.

Réfléchissez à la façon dont vous allez structurer votre nouvelle habitude pour la rendre aussi aisée que possible tant que vous êtes au début du voyage, et vous aurez plus de chances d'arriver victorieux. Et allez au-delà des évidences. Soyez créatif : vous avez tant de manières de vous préparer physiquement, émotionnellement, spirituellement et intellectuellement. Parfois, les plus petites choses peuvent faire les plus énormes différences, alors, assurez-vous lors de vos cogitations de ne négliger aucun détail, même les plus infimes.

Si votre nouvelle habitude consiste à vous rendre à la salle de sport tous les matins à 6 heures, sortez votre tenue la veille ; programmez votre cafetière pour que le café soit prêt quand vous vous levez ; préparez des en-cas qui s'avalent facilement quand vous rentrez de votre séance ; préparez également la tenue que vous enfilerez pour aller travailler, ainsi que vos affaires pour la journée, de façon à ce que vous n'ayez qu'à filer sous la douche, attraper votre sac et partir. Faites tout ce à quoi vous pouvez penser, et parce que cette fois sera différente, parce que cette fois vous n'êtes pas disposé à échouer, parce que cette fois vous n'allez pas tout faire foirer, allez-y à fond. Offrez-vous une nouvelle tenue au lieu de vous traîner votre vieux jogging minable et un tee-shirt troué, imprimez une photo de ce à quoi vous voulez que votre corps ressemble et scotchez-la sur votre réveil, prévenez un ami que chaque fois que vous sécherez la salle de sport, vous lui donnerez trois cents euros, trouvez une salle aussi proche de votre domicile que possible, savourez la gloire de votre séance matinale durant toute la journée, et portez une nouvelle bague qui vous rappelle de répéter votre mantra chaque fois que votre œil tombe dessus. Allez plus loin que là où vous vous arrêteriez normalement, et trouvez toutes sortes de nouvelles façons de rendre cette habitude aussi facile et automatique que possible.

L'organisation, la programmation, la commodité, les comptes à rendre à d'autres personnes, les rappels continus, la répétition de votre mantra, la connexion énergétique à l'être que vous devenez, la peur d'avoir l'air débile :

DÉZINGUE TES MAUVAISES HABITUDES !

tous ces détails apparemment sans importance vous aideront à mettre toutes les chances de votre côté pour réussir à instaurer votre nouvelle habitude.

Inversement, pour délaisser une mauvaise habitude et l'éliminer de votre vie, il faut la rendre difficile, malcommode et inconfortable, jouer sur la peur, le dégoût, le coût, sans oublier de répéter votre mantra, de vous relier à l'énergie de l'être que vous devenez, de rendre des comptes à quelqu'un, de refuser d'avoir l'air débile et de vous rappeler constamment combien vous vivez mieux sans cette habitude. Plus vous la rendez impossible, mieux c'est.

Par exemple, vous décidez d'arrêter l'alcool. Bien sûr, débarrassez-vous de toutes les bouteilles d'alcool qui traînent chez vous, emballez et planquez les flûtes à champagne, les flasques, les shakers, les verres à shot et les photos souvenirs de vos beuveries étudiantes. Mais prévoyez aussi de retrouver vos amis dans un salon de thé plutôt que dans un bar ; dites à une amie que vous lui devrez trois cents euros à chaque dérapage ; essayez toutes les boissons sans alcool sympas que vous voulez ; inscrivez-vous à des réunions des Alcooliques anonymes ; étudiez tous les effets destructeurs de l'alcool sur votre corps ; scotchez une jolie photo de vous sur votre frigo pour vous rappeler combien vous vous aimez et désirez prendre soin de vous.

Prenez votre carnet et dressez une liste d'au moins quinze choses que vous ferez pour mettre toutes les chances de votre côté avec cette nouvelle habitude. C'est valable aussi si vous vous apprêtez à dézinguer une vieille manie : listez quinze choses que vous ferez pour la rendre aussi relou que possible. Ensuite, procédez à ces ajustements. Aujourd'hui.

DÉZINGUE TES MAUVAISES HABITUDES !

Les petites modifications s'ajoutent aux grands changements.

À présent, prononcez votre mantra. Déclamez-le à voix haute, dans votre tête, répétez-le toute la journée, ressentez-le, lisez-le, aimez-le, croyez-le, et prenez-y du plaisir. Devenez votre mantra, répétez-le, encore et encore. Dites-le au réveil et juste avant de vous endormir.

JOUR 3
MESUREZ VOS PROGRÈS

Vous êtes-vous déjà adossé au hayon d'une voiture pour sortir vos pieds meurtris de vos chaussures de randonnée, avant de lever les yeux vers la montagne sur laquelle vous venez de crapahuter en vous ébaudissant de vous être trouvé tout en haut quelques heures plus tôt ? Ou bien vous êtes-vous déjà arrêté au pied d'un gratte-ciel pour regarder en l'air et vous émerveiller de cette prouesse technologique que les humains ont réussi à construire de leurs mains ?

Gravir une montagne et bâtir un gratte-ciel, cela se fait pas à pas, étage après étage, mais lorsque c'est vous qui randonnez ou qui maçonnez, vous ne constatez pas vos progrès en temps réel. Vous êtes dans le processus, et les progrès restent invisibles jusqu'au moment où vous arrivez à un point culminant, ou que vous reculez pour voir dans son entier le mur que vous venez d'édifier. Vous pouvez alors montrer du doigt votre réussite et régaler qui veut l'entendre du récit détaillé de vos exploits.

Ça ressemble beaucoup à la manière dont s'installent nos habitudes : un jour après l'autre, une pompe après l'autre, une galette de riz après l'autre… jusqu'à ce qu'un beau jour, on se dise soudain : « Mazette, je fais du 38 ! »

C'est bien plus facile de se tenir à une habitude si l'on sent qu'on progresse, mais je suis navrée de vous annoncer que la majeure partie de la construction comme du bousillage d'habitudes offre à peu près que dalle question réussites visibles, et pendant un bon bout de temps.

En revanche, ce qui est immédiatement satisfaisant, c'est de garder la trace de vos habitudes (en marquant d'une croix chaque jour où vous vous y êtes tenu). Certes, vous ne verrez peut-être pas le résultat direct des actions que vous entreprenez quotidiennement, mais vous saurez depuis combien de jours vous tenez le coup, ce qui est en soi une énorme réussite.

Aujourd'hui, j'aimerais que vous preniez un bon vieux calendrier en papier ou un agenda, que vous allez réserver à ce voyage que vous avez entamé. Chaque fois que vous atteignez votre objectif (consommer mille sept cents kilocalories, marcher cinq kilomètres, ne pas dire une seule méchanceté à votre mère, faire du yoga, éviter de vous excuser en permanence, apprendre un nouveau mot de vocabulaire, etc.), marquez le jour correspondant à ce succès. Utilisez un feutre spécial ou des gommettes dorées en forme d'étoiles, un bisou au rouge à lèvres, etc.

Le fait de reconnaître qu'une tâche a été menée à bien est en soi très satisfaisant, et c'est encore meilleur de pouvoir se retourner sur les jours, les semaines et les mois où vous avez accompli ce que vous vous étiez promis de faire. Garder une trace du chemin parcouru vous aidera à tenir bon, parce que vous deviendrez plus investi dans votre progression (car vous avez un moyen de voir à quel point vous avez avancé) et parce que vous savourerez le petit plaisir de cocher chaque jour.

En outre, vous aurez davantage confiance en vous, dans la mesure où vous aurez sous les yeux une preuve que vous êtes en train de faire arriver quelque chose de bon pour vous.

À présent, prononcez votre mantra. Déclamez-le à voix haute, dans votre tête, répétez-le toute la journée, ressentez-le, lisez-le, aimez-le, croyez-le, et prenez-y du plaisir. Devenez votre mantra, répétez-le, et puis répétez-le encore. Dites-le au réveil et dites-le juste avant de vous endormir.

JOUR 4
COVOITUREZ AVEC UNE AUTRE HABITUDE

Je fais mon lit scrupuleusement tous les matins. Je passe une mauvaise journée si les draps ne sont soigneusement tirés, sans plis, et les oreillers bien retapés. Je fais même mon lit quand je dors à l'hôtel avant le passage de la femme de chambre parce que : « On n'est pas des bêtes tout de même, comment peut-on se lever et partir se brosser les dents face à tout ce chaos de draps froissés qui vous regarde fixement ? » Nous avons tous une pléthore d'habitudes installées dans notre quotidien. L'une des meilleures manières d'en introduire une nouvelle est de la rattacher à une habitude existante. C'est comme le covoiturage : vous allez dans cette direction de toute façon, alors autant embarquer une autre habitude au passage.

Référez-vous au chapitre 3 pour vous remémorer les bonnes habitudes que vous avez déjà, et voyez si vous pouvez leur en coller une ou plusieurs nouvelles sur le dos, façon moules accrochées à un rocher. Écrivez aussi une nouvelle liste de choses que vous faites simplement tous les jours, et qui n'avaient peut-être pas été retenues dans la liste d'origine (vous rendre à votre travail, vous asseoir à votre bureau, récupérer vos enfants, préparer le déjeuner, nourrir le chat, mettre vos chaussures, éteindre les lumières, remettre la main sur ce fichu téléphone), car elles peuvent se révéler des occasions utiles d'y rattacher de nouvelles habitudes.

Voici quelques exemples d'associations d'habitudes pour vous donner des idées :

- Pendant que vous êtes aux toilettes le matin (habitude existante), passez-vous du fil dentaire (nouvelle habitude). Laissez le fil dentaire à côté des toilettes pour qu'il soit immédiatement accessible (aisance, amorce). Tant que vous êtes encore mal réveillé, retournez dans votre chambre et méditez pendant dix minutes (une autre habitude prise en covoiturage). Programmez une alarme sur votre téléphone – que vous aurez mis en mode silencieux – pour être averti quand les dix minutes de méditation sont écoulées (aisance, organisation). Lorsque vous avez fini de méditer, étirez-vous et enchaînez sur dix minutes de gym (encore du covoiturage). Programmez aussi une alarme pour la fin de la séance.

- Si vous buvez du café et que vous souhaitez vous hydrater davantage, faites en sorte que votre habitude caféinée prenne celle des verres d'eau sur son dos. Laissez à côté de la cafetière (aisance, amorce) un grand verre d'eau que vous videz au moment de préparer le café du matin. Fixez une règle : avant chaque tasse de café, un grand verre d'eau. Vous pouvez même monter d'un cran et vous hydrater dès que vous passez à côté de la cafetière.

- Laissez un flacon d'huile enrichie en vitamine E près du lavabo (aisance). Après vous être lavé les mains (habitude existante), passez un peu d'huile sur vos ongles magnifiquement non rongés (habitude dézinguée).

- Quand vous montez en voiture et que vous tournez la clé (habitude existante), arrêtez-vous un instant (conscience), prenez une inspiration et rappelez-vous de rester calme et présent. Visualisez cette personne âgée roulant à dix kilomètres heure dans une zone limitée à cinquante, imaginez que c'est votre grand-père chéri, perdu et apeuré, avec qui vous aurez une infinie patience (nouvelle habitude) au lieu de péter les plombs derrière votre volant (habitude dézinguée).

* Chaque fois que vous recevez un texto et que vous vous apprêtez à le lire (habitude existante), répétez votre mantra (nouvelle habitude).

* Quand vous vous mettez en pyjama le soir (habitude existante), passez en revue la liste des choses pour lesquelles vous avez de la gratitude (nouvelle habitude).

* En préparant le petit déjeuner de vos enfants (habitude existante), voyez-vous rentrer dans la superbe robe que vous avez achetée pour le mariage de votre sœur (nouvelle habitude), prononcez votre mantra dans votre tête (autre nouvelle habitude) et résistez au réflexe de mordre dans la dernière tranche de pain perdu (habitude dézinguée).

* En arrivant à votre travail plan-plan le matin (habitude existante), listez les raisons qui vous inspirent de la gratitude pour ce travail (nouvelle habitude), prononcez votre mantra dans votre tête (nouvelle habitude) et imprégnez-vous des sentiments qui accompagnent la nouvelle super carrière que vous êtes en train de bâtir (nouvelle habitude).

À présent, prononcez votre mantra. Déclamez-le à voix haute, dans votre tête, répétez-le toute la journée, ressentez-le, lisez-le, aimez-le, croyez-le, et prenez-y du plaisir. Devenez votre mantra, répétez-le, et puis répétez-le encore. Dites-le au réveil et dites-le juste avant de vous endormir.

JOUR 5
REFUSEZ DE VOUS ASSEOIR À LA TABLE DES NÉGOCIATIONS

Même si je n'aime pas avoir des chouchous, je place le concept de non-négociation dans la classe des outils les plus puissants pour adopter une nouvelle habitude ou en plaquer une mauvaise. La pratique de la non-négociation implique que votre esprit, tel un shérif, ordonne poliment à tout le monde de s'écarter : « S'il vous plaît, je prends la situation en main. » Voici comment la non-négociation fonctionne.

Être toujours à l'heure, ne pas avoir peur des relations amoureuses, déborder de gratitude, enregistrer un excellent podcast hebdomadaire, se battre pour les droits des autres, parler sans jurer : quelle que soit l'habitude que vous avez choisi d'adopter, donnez-vous-y à fond en cet instant. Quand la tentation pointe le bout de son nez, puisque vous vous êtes déjà identifié à la personne que vous êtes en train de devenir, les négociations dans lesquelles vous vous lanciez autrefois n'ont plus aucun sens (« Je tire juste une toute petite taffe » ; « Je sèche ma session d'écriture seulement ce matin » ; « J'appellerai la députée demain » ; « Je vais juste raconter ce tout petit ragot »).

Si vous plaquez l'habitude de fumer de l'herbe, vous ne négociez plus pour savoir si vous allez vous défoncer ou pas. Plus jamais. Puisque vous n'êtes pas un drogué. Tout comme vous n'allez pas perdre du temps à négocier pour savoir si vous allez boire une bouteille de vodka au petit déjeuner, puisque ce n'est pas VOUS. C'est comme si quelqu'un se moquait de votre calvitie alors que vous avez une tignasse épaisse ; lorsque vous incarnez la personne que vous devenez, ces négociations anciennes paraissent ridicules, cela ne vaut plus la peine d'y réfléchir, et encore moins d'y répondre, puisqu'elles n'ont rien à voir avec la personne que vous êtes.

La rapidité avec laquelle vous court-circuiterez ces négociations est primordiale ; utilisez la règle « zéro seconde ».

Au restaurant, au lieu de lire la description de toutes les pizzas pour les comparer à l'offre de salades, choisissez votre salade et refermez tout de suite le menu. Vous n'analysez pas les différents choix de pizzas parce que vous ne mangez pas de produits laitiers. À l'instant où l'intrus des négociations cherche à se faufiler dans la salle, vous *choisissez* de rester dans la peau de la personne que vous êtes, et vous lui claquez la porte au nez. « Je regarde Facebook vite fait pour voir si… » CLAC ! On passe à la suite. « Je vais dormir dix minutes de plus et… » CLAC ! On passe à la suite. « Oh ! ils ont de la tarte à la crème de coco… » CLAC ! On passe à la suite. Pleine conscience, rapidité et tolérance zéro sont de rigueur ici.

Récapitulons : méfiez-vous de la négociation dès l'instant où elle pointe son nez. Barricadez-vous dans votre perception de la créature fabuleuse que vous ÊTES, réalisez que cette négociation n'a rien à faire là, et que vous ne pourriez pas y être plus indifférent. D'ailleurs, vous l'avez à peine remarquée, puisque ce qu'elle vous suggère ne vous parle pas du tout. Passez immédiatement à la pensée suivante.

À présent, prononcez votre mantra. Déclamez-le à voix haute, dans votre tête, répétez-le toute la journée, ressentez-le, lisez-le, aimez-le, croyez-le, et prenez-y du plaisir. Devenez votre mantra, répétez-le, et puis répétez-le encore. Dites-le au réveil et dites-le juste avant de vous endormir.

JOUR 6
ANTICIPEZ VOS BONNES EXCUSES ET VOS DISTRACTIONS

Avez-vous déjà eu ce genre de conversation avec une amie (ou avec vous-même…) ?

Votre amie. — Je n'en reviens pas que Sharon ait raconté à tout le monde que je m'étais fait poser un anneau gastrique.

Votre for intérieur. — Vraiment ? Pourtant, elle a dit à ton éboueur que tu le trouvais mignon, alors que tu lui avais fait promettre de garder le secret. Tu as dit, je cite : « Je ne raconterai plus jamais rien à cette pipelette. »

Votre bouche. — C'est affreux.

Votre amie. — Mais oui ! C'était ultra-personnel et je lui faisais confiance. Je ne raconterai plus jamais rien à cette pipelette.

Votre for intérieur. — Et voilà, la boucle est bouclée.

Votre bouche. — Bonne idée.

Lorsqu'on essaie d'améliorer ses habitudes ou d'accomplir quelque chose de difficile, on se fait souvent avoir par des méthodes d'auto-sabotage bien connues, et donc faciles à esquiver, puis on s'étonne : « Comment, il est déjà 16 heures ? Je viens de passer les deux dernières heures à préparer mes carrés potagers alors que j'étais censé mémoriser ma partition de clarinette ? » Heureusement, ce qu'il y a de super avec le fait d'être vous, c'est que vous connaissez bien vos vilains petits travers. Vous êtes l'expert de vos excuses de prédilection et de vos plus grandes distractions (qui sont pour la plupart des habitudes, soit dit en passant), ce qui signifie que vous pouvez devenir expert pour anticiper et les coiffer au poteau.

Si vous voulez prendre l'habitude d'écrire une heure tous les matins et que vous connaissez votre faiblesse pour le monde infini et captivant du shopping de chaussures en ligne, coupez Internet pendant cette heure d'écriture. Ce qui signifie concrètement : descendez au rez-de-chaussée et débranchez la box (c'est trop facile d'activer et de désactiver le Wi-Fi sur votre ordinateur). Si vous arrêtez de manger de la viande et que vous passez tous les jours devant votre resto de grillades préféré, choisissez un autre itinéraire. Si vous voulez vous mettre sérieusement à la clarinette alors que vous avez du mal à résister aux charmes du jardinage, emmenez votre clarinette au parc, chez un ami ou dans un lieu de répétition, ou installez-vous dans votre voiture et bossez vos gammes. Il y a tant de manières simples d'éviter les choses, les gens, les situations, les activités, les odeurs de porc grillé qui vous font dérailler ; alors utilisez vos précieuses infos d'initié et prenez les devants. Tant que vous y êtes, ne vous sentez pas honteux ou minable de connaître si intimement vos excuses, vos échecs passés et vos petites faiblesses ; vous êtes aussi tout cela, et c'est en partie ce qui fait votre charme. Soyez content de connaître aussi bien vos issues de secours, parce que vous pouvez à présent pousser de gros meubles bien lourds et sortir pour en découdre avec n'importe qui.

Prenez votre carnet, réfléchissez à l'habitude que vous mûrissez, et notez absolument toutes les peaux de banane que vous êtes capable de jeter sur votre chemin : glandouiller sur Twitter, cuisiner subitement des lasagnes, faire des courses, laver la vaisselle, brosser le chien, épousseter vos luminaires, ranger vos épices par ordre alphabétique… et bloquez le risque de dérapage.

Dressez aussi la liste des personnes dans votre entourage qui risquent d'être trop fêtardes alors que vous arrêtez l'alcool, trop pessimistes alors que vous vous engagez dans une cause humanitaire, trop langues de vipère alors que vous arrêtez les commérages, trop étroites d'esprit alors que vous lancez votre nouvelle boîte… Et efforcez-vous de limiter le temps que vous passez avec ces personnes.

Je vous demande aussi de vous immerger à nouveau dans ce sentiment de hâte et d'anticipation que vous procure votre nouvelle habitude, et de noter toute objection qui surviendrait. Nous avons tous des arguments testés et approuvés que nous réutilisons sans cesse pour nous mettre des bâtons dans les roues. Alors, en plus de votre mantra, bidouillez une réplique imparable qui remettra vos excuses classiques à leur place.

Par exemple :

* « J'ai essayé un million de fois de devenir vegan et je ne tiens jamais. » = « C'étaient des entraînements, cette fois-ci, c'est la bonne. »

* « Je n'ai aucune volonté, laisse tomber. » = « On a envoyé des gens sur la Lune. Je peux y arriver. J'en suis complètement capable. »

✶ « Ça m'est égal au fond de me remettre en forme. J'abandonne ! » = « J'aime mon corps, je m'aime, et j'aime me sentir bien. »

✶ « Je n'ai pas besoin de méditer, de faire du sport, de me passer le fil dentaire ou de penser à tout ce pour quoi j'éprouve de la gratitude tous les jours. Une fois de temps en temps, c'est bien. » = « Ça va bien au-delà de cette habitude, il s'agit d'avoir prise sur ma vie, sur mon bonheur, sur ma façon d'être au monde. »

✶ « Ça n'a aucun effet et ça prend une éternité. J'arrête. » = « Les gens qui réussissent n'arrêtent pas. Je mérite de réussir, je continue. »

À présent, prononcez votre mantra. Déclamez-le à voix haute, dans votre tête, répétez-le toute la journée, ressentez-le, lisez-le, aimez-le, croyez-le, et prenez-y du plaisir. Devenez votre mantra, répétez-le, et puis répétez-le encore. Dites-le au réveil et dites-le juste avant de vous endormir.

JOUR 7
RÉCOMPENSEZ-VOUS

Les habitudes offrant des résultats instantanés sont plus faciles à garder que celles qui semblent prendre une éternité à changer quoi que ce soit. Par exemple, un brossage de dents vous procure immédiatement une sensation de fraîcheur et de propreté, de sorte qu'il est facile de le répéter quotidiennement. Utiliser du fil dentaire, en revanche, c'est déjà un peu plus la corvée : qu'est-ce que ça vous apporte au juste ? Quelques saignements de gencive de temps en temps, et sinon ? Ça ne fait pas franchement rêver.

Quand notre cerveau anticipe ou éprouve du plaisir, il libère une substance chimique semblable à une drogue : la dopamine. Nous devenons accros à cette délicieuse montée de dopamine (il m'arrive d'aller me coucher le soir en fantasmant sur le café que je boirai le lendemain matin), et nous attendons avec impatience les habitudes, bonnes ou mauvaises, qui nous procurent ce petit kif. Malheureusement, la plupart de celles que nous essayons d'adopter ne cartonnent pas franchement question dopamine, sans quoi nous les aurions très probablement déjà inscrites dans notre quotidien ; pour persévérer, il faut donc faire preuve de créativité. Il existe un truc génial pour que la plus barbante des habitudes devienne un moment attendu avec impatience : il suffit de lui adjoindre une récompense.

Réfléchissez à votre habitude et trouvez quelque chose pour vous inciter à l'accomplir (ou à l'éviter) sur-le-champ, ou qui vous récompensera juste après, selon les cas. Tout ce qui vous procure du plaisir compte, même les petits plaisirs coupables – on vise la médaille d'or, donc allez-y franchement, du moment que ça n'est pas illégal, nocif pour vous ou pour les autres, ou contre-productif (un bac de crème glacée ne constitue pas la récompense idéale pour avoir suivi sagement votre régime, par exemple).

Voici quelques suggestions que j'ai glanées parmi les superstars de l'habitude ; j'espère que cela vous donnera des idées pour imaginer les plaisirs immédiats qui vous permettront de tenir sur le long terme. Quand vous aurez décidé de quelle manière vous allez vous récompenser, écrivez en détail comment vous allez vous y prendre, et engagez-vous à vous faire plaisir chaque fois que vous réaliserez ou éviterez l'habitude choisie.

- Lorsque vous êtes assis devant votre assiette bien équilibrée – et seulement à ce moment-là –, vous vous autorisez à consulter les réseaux sociaux.
- Après avoir écrit pendant vos deux heures quotidiennes, accordez-vous votre carré de chocolat.
- Trouvez un ami qui cherche lui aussi à faire sa gym spirituelle tous les matins (méditation, journal intime, lecture de livres de développement personnel). Envoyez-vous un e-mail tous les soirs avec une citation, un mot d'encouragement, une dose d'amitié, un article inspirant ou la vidéo d'un chat mangeant un sachet de chips ; vous n'aurez le droit d'ouvrir cet e-mail qu'après avoir accompli votre séance de gym spirituelle le lendemain matin.
- Après une journée sans cigarette, vous avez le droit de vous masturber. Sinon, bas les pattes.

* Après avoir effectué vos longueurs de crawl, arrêtez-vous pour jouer avec les chiots du refuge situé entre la piscine et votre domicile.

* Regardez un épisode de votre série favorite, mais seulement quand vous trottinez sur le tapis de course.

* Trouvez un ami qui est tout comme vous en train de monter sa boîte. Vous marquez chacun un point par coup de fil de prospection passé. À la fin de la semaine, celui qui a gagné le plus de points choisit le resto où vous irez dîner.

* Après avoir respecté votre engagement à flirter avec une personne différente chaque jour, mettez votre chanson préférée à plein volume et songez combien vous êtes bien gaulé, sexy et digne d'être aimé.

* Après avoir réussi à ne pas vous plaindre pendant une journée entière, offrez-vous un bain chaud avec sels de bain, bougies, et peut-être une barricade devant la porte pour empêcher vos enfants de rentrer et de vous déranger.

À présent, prononcez votre mantra. Déclamez-le à voix haute, dans votre tête, répétez-le toute la journée, ressentez-le, lisez-le, aimez-le, croyez-le, et prenez-y du plaisir. Devenez votre mantra, répétez-le, et puis répétez-le encore. Dites-le au réveil et dites-le juste avant de vous endormir.

JOUR 8
ENTOUREZ-VOUS DE GÉNIALITUDE, HUMAINE OU AUTRE

Quand j'avais 7 ans, nous avons fait notre premier grand voyage familial en Italie, à Naples, la ville natale de mon père. La majorité de nos cousins vivait dans le quartier où mon père a grandi, un mélange hétéroclite de maisons à flanc de montagne, en surplomb de la baie de Naples. Entre la traversée de l'océan dans un avion à deux étages (imaginez un peu le délire !), le fait de veiller aussi tard qu'on le voulait tous les soirs (gros délire), ma première gorgée de vin (immonde) offerte par une femme (ma tante) qui avait la tête de mon père (même énorme nez), l'expérience fut ahurissante de bout en bout. Mais ce qui m'a fait le plus halluciner du haut de mes 7 ans, ça a été le poulailler de mes grands-parents. Au sommet du potager communal des Sincero se trouvait une minuscule cabane avec des perchoirs pour accueillir les poules qui dormaient, une petite cour grillagée et un nichoir avec une rampe, au bas de laquelle roulaient les œufs pondus pour atterrir dans une caisse garnie de paille. Chaque jour pendant des heures, je restais assise dans ce poulailler puant, à attendre qu'un œuf bleu tout frais apparaisse comme par magie, puis je courais vers la maison avec des hurlements de joie, en l'agitant au-dessus de ma tête comme un serpent vivant. Je n'en revenais pas que mes parents ne me l'aient jamais dit : les gens normaux peuvent avoir des poules.

De vraies poules qui pondent de vrais œufs. Des gens. Normaux. Comme… moi.

Dès notre retour à la maison, j'ai trouvé l'endroit idéal dans notre jardin pour installer un poulailler (ombragé, loin des balançoires pour que les poules ne soient pas dérangées, visible depuis la fenêtre de ma chambre pour que je puisse les surveiller vingt-quatre heures sur vingt-quatre). Je ne parlais que de ça, je dessinais et redessinais des plans de la structure, et après d'interminables négociations larmoyantes, mes parents ont balayé mon projet d'un revers de la main avec ce compromis tout juste acceptable : « Bon, tu pourras avoir un poulailler pour tes 14 ans. » Bien sûr, ils comptaient sur le fait que ça ne m'intéresserait plus alors et ont ri bêtement quand je les ai menacés d'un procès s'ils n'honoraient pas le contrat (rédigé par mes soins) que je leur avais fait signer.

Mes parents avaient vu juste : à 14 ans, j'avais fini par m'intéresser davantage aux garçons qu'aux poules, mais là n'est pas la question. J'ai passé les années qui ont suivi ce voyage en Italie avec l'obsession de tout ce qui avait trait à l'élevage aviaire, j'ai rédigé un devoir sur le fascinant destin du cloaque pour mon cours de sciences naturelles (un seul trou, tant de fonctions !), et j'ai fabriqué une miniature de poulailler qui a trôné sur l'aquarium de notre salle de jeux pendant des années.

Mon expérience italienne m'a révélé des horizons et des parties de moi dont j'ignorais l'existence jusqu'alors. C'est pour ça que je vous encourage à prêter activement attention à l'environnement dans lequel vous vous placez pour cultiver votre nouvelle habitude.

Nous sommes très influencés par les gens et les choses dont nous nous entourons ; notre environnement peut nous réussir ou nous nuire plus sûrement que presque tout le reste.

Si vous voulez arrêter les jeux d'argent et que vous passez du temps aux réunions des Joueurs anonymes, vous serez plus susceptible de venir à bout de votre habitude délétère que si vous essayez d'arrêter tout en continuant à fréquenter les casinos ou les dingues de poker. Je vous l'accorde, cette idée de génie ne casse pas trois pattes à un canard, mais comment tenir le coup, sinon ? Si vous désirez devenir plus heureux et plus optimiste, fréquentez des gens heureux et optimistes, et observez leur façon de parler, de penser, de percevoir le monde et de réagir quand le chien errant qu'ils ont ramassé sur l'autoroute se met à bouffer la banquette arrière de leur voiture. Si vous souhaitez faire tous les jours un geste pour aider la planète, placez des bacs de recyclage à côté de toutes les poubelles de votre maison, allez écouter des conférences sur le changement climatique, devenez bénévole au jardin communautaire près de chez vous ou bien participez à un ramassage collectif des papiers gras sur les trottoirs de votre ville. Glissez-vous dans un environnement imprégné de conscience écologique où vous pourrez donner un coup de main et où vous serez au contact de personnes sur la même longueur d'onde que vous, et qui vous donneront encore plus d'idées pour changer les choses.

Il faut que vos bonnes habitudes deviennent faciles à respecter, et que les mauvaises soient très difficiles à conserver : une tactique efficace consiste à choisir judicieusement son environnement.

Sachant que ce qui nous intéresse ici, c'est que vous réussissiez à prendre une bonne habitude ou à en perdre une mauvaise, et non pas à vous sentir débordé par l'immensité de la tâche, commencez par choisir un aspect de votre environnement dans ceux listés ci-dessous et engagez-vous à l'améliorer. Si vous avez assez de temps et d'enthousiasme pour en faire plus, foncez, mais commencez par un changement dans chaque domaine. Notez les changements que vous allez effectuer, en spécifiant qui, quoi, quand et où, puis retroussez-vous les manches.

Votre environnement humain

Choisissez un être humain exemplaire qui se trouve là où vous désirez être dans le cadre de votre habitude (et au-delà). Ensuite, fréquentez-le régulièrement, ou faites-en un partenaire à qui vous devrez rendre des comptes, ou que vous engagerez comme coach, ou comme camarade de jogging, ou pour monter la garde devant votre frigo et vous engueuler avec un porte-voix chaque fois que vous ouvrirez la porte. Vous pouvez aussi suivre un cours, rejoindre un groupe de soutien, ou vous inscrire à un séminaire et y développer votre réseau autant que possible. Pour marquer des points supplémentaires : en plus de soigner vos nouvelles fréquentations, limitez votre temps d'exposition aux gens qui vont doucher votre enthousiasme, vous détourner du droit chemin ou vous donner envie de faire des écarts. Vous savez de qui l'on parle. Dites-leur que vous êtes très occupé.

Votre environnement physique

Affichez des photos qui vous rappellent le corps que vous visez, le voyage que vous ferez quand vous aurez gagné l'argent, l'âme sœur que vous appelez de vos vœux, la montagne que vous escaladerez quand vous serez en forme, le candidat que vous aiderez à faire élire. Allez essayer la voiture que vous achèterez, promenez-vous dans le quartier où vous emménagerez, admirez le fronton où votre nom sera affiché, pavanez-vous avec les bottes de cowboy que vous vous offrirez et prenez la pose pour tous les clients de la boutique de chaussures. Dégagez un espace chez vous pour vos séances de sport, de méditation, de peinture. L'idée est que votre environnement vous renvoie l'image de la personne que vous devenez, alors rendez-le aussi beau, motivant et accueillant que possible.

Votre environnement spirituel

Rejoignez un groupe de méditation, écoutez des méditations guidées, lisez des livres inspirants, faites du yoga ou de la méditation transcendantale. Prenez au moins cinq minutes de silence par jour pour faire un peu d'introspection. Faites taire votre esprit et immergez-vous dans la conscience d'être une créature infiniment puissante, capable de réaliser tout ce que vous décidez d'entreprendre. Respirez. Fermez votre clapet. Imaginez qu'une lumière intérieure vous inonde du sommet de la tête jusqu'à la plante des pieds. Laissez l'Univers vous traverser. Chassez vos doutes, vos peurs et la petite voix négative en vous. Cela peut tout changer de prendre chaque jour ces cinq minutes pour se relier à son moi supérieur.

Votre environnement émotionnel

Écoutez de la musique qui vous donne la pêche et le sourire. Lisez, visionnez, écoutez et dévorez tout ce qui vous fait rire, vous stimule, vous donne confiance, vous instruit, vous enthousiasme à fond. Tout ce qui vous donne des ailes vous emplit de joie. Affichez sur vos murs des photos des gens qui vous aiment. Faites ce qui fait du bien à votre corps, parlez de vous et des autres avec tendresse, passez du temps avec vos proches, câlinez des animaux mignons, promenez-vous dans la nature, contemplez le ciel, entourez-vous de gens, d'objets, de sons, d'odeurs et de goûts qui vous enchantent et vous donnent de l'assurance.

À présent, prononcez votre mantra. Déclamez-le à voix haute, dans votre tête, répétez-le toute la journée, ressentez-le, lisez-le, aimez-le, croyez-le, et prenez-y du plaisir. Devenez votre mantra, répétez-le, et puis répétez-le encore. Dites-le au réveil et dites-le juste avant de vous endormir.

JOUR 9
CRÉEZ UN RITUEL

Je suis allée à la fac avec ce type, Dave. Un jour, en entrant dans sa chambre, je l'ai trouvé assis à son bureau, vêtu d'un costume-cravate, avec des souliers bien cirés, des cheveux bien coiffés, et peut-être même des boutons de manchette. Il avait plusieurs livres ouverts devant lui et semblait travailler. Je m'en suis aussitôt voulu de ne pas avoir toqué à sa porte, dans la mesure où je l'avais manifestement surpris dans un moment intime, bizarre et gênant, mais Dave est resté imperturbable. « J'ai un gros partiel d'économie demain, m'a-t-il expliqué. Je trouve que je suis plus concentré quand je me mets sur mon trente-et-un. Il faut avoir la classe pour être le premier de la classe ! » J'étais emplie de respect et d'admiration pour sa façon de viser la réussite. D'autant plus que j'avais assurément moi aussi des partiels le lendemain, et que j'étais sans doute venue acheter de l'herbe à son colocataire.

Les rituels sont une pratique ancienne et puissante, qu'on utilise pour prier, remercier et marquer des étapes importantes comme les mariages, les décès, les anniversaires, la saison des récoltes, les pleines lunes, les grandes marées et, pour Dave, les partiels d'éco. Les rituels offrent un but, un renouvellement, des cérémonies et des célébrations de nos vies. Ils peuvent vous être très utiles pour perfectionner votre habitude. Tout d'abord, les rituels vous aident à mieux vous impliquer et à rester concentré sur votre objectif. Si certaines personnes allument une bougie lorsqu'elles s'assoient pour méditer, c'est notamment parce que c'est une façon de marquer le début d'un événement important, d'amener leur attention sur ce qu'elles s'apprêtent à faire, et de reconnaître que leur conversation à venir avec l'Univers tout-puissant est un vrai gros truc important. Sans allumer cette bougie, elles pourraient être tentées de lâcher l'affaire et de garder cette pensée dans un coin de leur tête pendant toute leur journée bien remplie : « Peut-être que j'arriverai à dégager vingt minutes pour méditer, peut-être pas. » La bougie représente l'engagement, la concentration, le respect. On n'est pas là pour déconner.

Les rituels liés à nos habitudes ont aussi une fonction de coup de chapeau. Ils indiquent que nous nous prenons au sérieux, tout comme nous prenons nos engagements au sérieux. Que votre objectif soit d'arrêter de roter bruyamment ou de mettre fin à la traite des êtres humains, vous devez consciemment rendre grâce au fait que vous répondez présent à votre propre appel et qu'il s'agit là d'un acte sacré.

Plus vous reconnaissez votre juste valeur, plus vous êtes susceptible de rester fidèle à vos bonnes habitudes et d'abandonner celles qui vous nuisent.

J'ai entendu dire que, pour se mettre en condition juste avant de passer devant la caméra, Tom Cruise avait un rituel consistant à se frapper la poitrine en beuglant qu'il était génial. Certaines familles se tiennent par la main et disent le bénédicité pour exprimer leur gratitude avant de passer à table. Des tribus amérindiennes pratiquent des danses de la pluie. Mon chien s'assoit à mes pieds, incline solennellement la tête, pose une patte sur mon genou et prie le dieu des Promenades.

Voici quelques exemples de rituels pour vous aider à trouver celui qui vous conviendra le mieux.

* Si vous vous mettez à faire de l'exercice, regardez votre corps devant le miroir avant votre séance, appréciez tout ce qu'il fait pour vous, et remerciez-le pour ses bons et loyaux services durant toutes ces années.

* Si vous apprenez l'anglais à raison d'une heure par jour, préparez-vous une boisson spéciale (thé, café, jus de fruits, etc.) pour marquer le début de votre session. Après avoir bu la première gorgée, dites à voix haute : « Je suis fabuleuse ! »

* Si vous prenez l'habitude d'être plus présent à vous-même, lorsque vous vous mettez à table, soyez attentif à chaque bouchée de votre plat, mâchez lentement en goûtant toutes les saveurs, visualisez les nutriments qui nourrissent votre corps lorsque vous avalez, éprouvez une reconnaissance éperdue pour cette nourriture qui vous est donnée, et pour vos dents qui vous permettent de la mâcher.

* Si vous arrêtez de fumer, prenez trois grandes inspirations chaque matin et imaginez vos poumons pleins de joie et de santé devenir chaque jour un peu plus joyeux et un peu plus sains. Accomplissez aussi ce rituel lorsque vous avez envie d'une cigarette.

* Si vous prenez l'habitude d'être plus affectueux et reconnaissant envers votre partenaire, mettez un bracelet, une paire de boucles d'oreilles ou une montre chaque matin pour marquer l'ouverture de votre cœur, votre gratitude pour tout ce que votre partenaire apporte de merveilleux à votre vie, et votre intention de l'aimer mieux que jamais.

* Si vous marchez tous les jours jusqu'au travail avec un ami, mettez au point une poignée de main spéciale pour vous dire bonjour et marquer l'engagement que vous avez pris en faveur de votre santé et de votre amitié.

* Si vous arrêtez de vous ronger les ongles, portez une bague que vous passerez tous les matins d'une main à l'autre pour annoncer une nouvelle journée victorieuse.

* Si vous prenez l'habitude de pratiquer davantage la pleine conscience, la gentillesse et la compassion, gardez dans votre poche un petit caillou spécial qui vous rappellera de vous relier à votre cœur.

* Si vous prenez l'habitude de lister tous les matins ou tous les soirs les choses pour lesquelles vous éprouvez de la gratitude, asseyez-vous lentement, sentez vos fesses toucher le fauteuil, reconnaissez la présence de votre corps sur cette planète qui tourne à toute allure dans l'espace infini et apprêtez-vous à exploiter la pleine puissance de la gratitude à l'aide de votre stylo magique.

Prononcer votre mantra chaque jour est également un rituel. Alors, faites-le maintenant.

JOUR 10
CONCENTREZ-VOUS JUSQU'À L'OBSESSION

Il y a bien des lunes, à l'époque où je vivais à Manhattan, j'étais au parc, assise sur un banc avec une amie pour déjeuner. Nous étions tellement plongées dans notre conversation que nous n'avons pas remarqué l'alarme de la banque qui sonnait de l'autre côté de la rue, juste en face de nous. C'est seulement quand le bruit s'est interrompu tout à coup (après un quart d'heure de vacarme) que nous avons réalisé son existence avant de penser : « Aaah, c'est tellement agréable, ce silence ! » Nous étions si bien accoutumées au boucan que le silence nous a davantage alarmées que l'alarme elle-même. C'est à ce moment que j'ai eu une prise de conscience, du genre : « Je crois qu'il est temps pour moi de quitter la ville. »

Nous prenons l'habitude inconsciente d'accepter des pensées et des croyances qui nous alarment littéralement, nous brident et nous donnent une piètre estime de nous-mêmes. Nous traitons ces pensées et ces croyances comme si elles étaient la vérité – « Je suis un imposteur » ; « Je ne suis pas digne d'être aimé » ; « J'ai une mémoire de poisson rouge » ; « Je serai toujours en surpoids » ; « Personne ne m'écoute » ; « J'ai une tête de vieux flan » – jusqu'au moment où l'on réalise : « Attends voir une minute, elles sont moisies, ces croyances, j'ai le pouvoir de choisir, je vais plutôt me concentrer sur des pensées qui m'apportent joie, succès et sérénité ! »

Comme évoqué au premier chapitre, vous déterminez ce sur quoi vous vous concentrez ; il est donc important, pendant que votre habitude est en cours d'acquisition, d'ajuster et de renforcer la focale de votre conscience pour qu'elle vous serve au mieux. C'est pour cela que nous allons consacrer toute la journée d'aujourd'hui à aiguiser cet outil profondément transformateur qu'est votre attention. Aujourd'hui, vous allez être constamment sur le dos de votre cerveau et contrôler strictement les fréquences sur lesquelles vous vous branchez. Faites un nœud à votre mouchoir, dessinez un œil sur le dos de votre main, collez des Post-it partout dans votre maison pour vous rappeler qu'aujourd'hui est la grande journée sacrée de l'attention positive, et :

1. **Engagez-vous à trouver des éléments de votre environnement qui renforcent votre nouvelle identité.** Par exemple, choisissez de remarquer les personnes qui sont en pleine forme si vous voulez acquérir l'habitude de faire du sport régulièrement. Si vous prenez l'habitude de vivre une relation saine et harmonieuse, guettez les couples heureux en amour. Si vous arrêtez les laitages, dirigez-vous droit sur le rayon vegan au supermarché et concentrez-vous sur toutes les options délicieuses et exemptes de produits laitiers que vous avez le droit de manger. Si vous prenez l'habitude de ne plus vous dénigrer, prêtez attention à toutes les raisons qui font de vous un être extraordinaire, accueillez et assimilez vraiment les compliments que l'on vous fait. Ou encore, si vous abandonnez la malbouffe, savourez pleinement la splendeur d'une pêche mûre à point. Rassemblez un nouveau faisceau de preuves indiquant que cette habitude est possible et qu'elle n'attend que vous, voire, qu'elle est en train de vous suivre partout comme un chien.

2. Concentrez-vous sur le service que vous vous rendez plutôt que d'avoir l'impression de vous refuser quelque chose. Par exemple, au lieu de ruminer sur votre envie d'une bonne grasse matinée, remerciez-vous d'améliorer votre vie en vous levant tôt pour aller marcher avant de vous rendre au travail. Au lieu de vous laisser rattraper par votre envie dévorante de pain, soyez fier d'avoir échappé aux maux de ventre qui hantaient votre relation avec le gluten. Pour vous éviter de perdre une plombe à raconter à votre meilleure amie le calvaire que vous fait subir votre enfoiré de voisin avec sa musique à fond toute la nuit, célébrez votre choix de parler avec elle de choses intéressantes durant le temps précieux que vous passez ensemble. Pensez à tous les avantages qu'offre votre nouvelle habitude, notez-les et constatez combien vous êtes un super ami pour vous-même.

3. Réservez une rubrique dans votre carnet pour mettre en place un suivi de tout ce que vous ressentez de positif par rapport à votre habitude et partez en quête de ces moments aujourd'hui. Même si ça vous ennuie, il viendra des jours où ces notes seront précieuses. Quand je médite, je sens parfois un pincement d'excitation me prendre aux tripes : « Bon sang de bonsoir, je traîne avec le grand Manitou ! » Quand j'utilise du fil dentaire, je suis consciente que je nettoie mes dents, que je suis une personne bien qui prend soin de ses gencives, que je me suis entraînée à faire quelque chose d'ennuyeux... et ça me fait du bien. J'ai tendance à ressentir l'excitation au creux de mon ventre, et je veux que vous déterminiez non seulement l'endroit de votre corps où la joie vous traverse, mais aussi les pensées qui vous viennent à l'esprit quand elle fait irruption dans votre habitude. Notez tous ces détails dans votre carnet et invoquez-les (en vous remémorant vos écrits et en posant une main sur la partie du corps concernée) avant ou pendant que vous accomplissez votre habitude. Cela vous aidera à garder le cap quand vous aurez un peu la flemme, et plus vous répéterez cet exercice, plus vous associerez automatiquement la joie et l'anticipation à votre habitude au lieu d'éprouver de l'ennui, de la peur ou de la paresse.

4. Prenez du recul pour avoir une vue d'ensemble. Il est tellement facile de se laisser distraire par les divers drames et les menus détails de nos existences, mais on a toujours le choix d'élargir et d'approfondir son point de vue. Si vous découvriez que votre meilleur ami avait couché avec votre amoureuse ou votre amoureux, vous rumineriez sans doute rageusement l'affaire pendant un bon bout de temps. Mais si, au sommet de votre colère, il vous arrivait d'échapper de justesse à une attaque de requin ou de survivre miraculeusement à un accident d'avion, vous auriez un tout autre regard sur votre problème sentimental, qui ne vous apparaîtrait plus comme la fin du monde. Vous éprouveriez une telle gratitude pour le fait d'être en vie que ce sentiment occuperait tout le devant de la scène, tandis que l'image des deux traîtres dans le même lit, quoique désagréable et douloureuse, commencerait à se fondre à l'arrière-plan. Par chance, vous n'avez pas besoin de subir une expérience atroce pour prendre de la hauteur et apprécier votre vie à sa juste valeur ; il vous faut seulement vous rappeler de faire ce choix. Prenez de la hauteur et rappelez-vous que cette habitude ne concerne pas que votre journée d'aujourd'hui, et qu'elle a un effet sur toute votre vie. Toutes vos bonnes habitudes se conjuguent pour vous conduire au meilleur de vous-même.

À présent, prononcez votre mantra. Déclamez-le à voix haute, dans votre tête, répétez-le toute la journée, ressentez-le, lisez-le, aimez-le, croyez-le, et prenez-y du plaisir. Devenez votre mantra, répétez-le, et puis répétez-le encore. Dites-le au réveil et dites-le juste avant de vous endormir.

JOUR 11
DÉCOUPEZ LE TEMPS EN PETITS MORCEAUX

Lorsque je suis en train d'écrire un texte interminable, j'ai cette habitude débile de m'arrêter sur-le-champ quand je constate que les mots me viennent tout seuls et sans effort ; je me lève pour aller me faire une tasse de café, je vérifie mes e-mails, je décide que je devrais apprendre à jouer de la trompette, là tout de suite, ou qu'il faudrait nettoyer mon garage, ou construire une cabane. C'est la base de l'auto-sabotage, mais j'en suis consciente, de sorte que j'ai appris à garder mon besoin de distraction enfermé dans une cage. Pour y parvenir, je découpe mon temps en petits morceaux. Je programme une alarme sur mon téléphone pour qu'il sonne au bout de vingt minutes, et dans ce laps de temps, j'ai interdiction de me lever pour aller faire pipi, d'ouvrir le frigo, de lire un texto, de gribouiller ou de faire quoi que ce soit d'autre que d'écrire, même si je me tortille sur ma chaise comme si j'avais des vers. Ensuite, je fais une pause. Puis je reprogramme mon téléphone pour une autre session de vingt minutes. Parfois, après avoir retrouvé mon calme et m'être prouvé que je n'allais pas prendre feu si je me concentrais sur l'écriture, je me mets à découper mon temps en plus grosses tranches, de vingt-cinq minutes, trente minutes, etc. D'autres fois, je m'en tiens à des petites séquences de vingt minutes jusqu'à la fin de la journée. Ce n'est pas la taille des morceaux qui compte, c'est le fait que je les prenne au sérieux et que je refuse de céder. Par ailleurs, les pauses ne sont pas obligatoires ; si je suis plongée dans mon travail, je continue d'écrire au-delà du temps prévu.

Je sais que si je commence à déconsidérer mes morceaux de temps (alors que ce sont les briques de ma réalité tout entière) et que je permets à la moindre excuse de se faufiler pour gaspiller mes minutes, je suis fichue.

Tous les petits moments de notre vie s'additionnent pour former le tout de ce que nous sommes.

Ce sont de minuscules moments qui déterminent notre succès ou notre insuccès, notre bonne ou notre mauvaise santé, notre bonheur ou notre malheur ; ce sont eux qui font que nous allons nous asseoir pour écrire tout un livre, ou bien péniblement pondre l'équivalent d'un tract. Si vous voulez avancer dans une réalité qui vous enthousiasme, prenez l'habitude de considérer les pierres de gué qui jalonnent votre chemin vers la réussite comme les grands bonds en avant qu'elles sont. En plus, franchement, vingt minutes… c'est vraiment si difficile de faire quoi que ce soit pendant vingt minutes ?

Il faut dire que nos gentils cerveaux se mettent vite en surchauffe, surtout quand nous entreprenons des changements positifs dans notre vie. Pourquoi a-t-on toujours cette impression qu'il y a tant de choses à FAIRE ? « En plus de tout ce que je fais déjà, il faut que je tienne un journal intime, que je me concentre, que je dise mon mantra, que je prépare mes vêtements ET que je me bouge les fesses jusqu'à la salle de gym tous les jours ? » Adopter de nouvelles habitudes peut paraître intimidant, surtout si vous en choisissez une qui change réellement une manière d'être que vous avez pratiquement toujours eue. C'est pourquoi la technique de faire les choses un jour après l'autre est si merveilleuse et libératrice : elle annule complètement le côté dramatique du changement, et nous permet d'abandonner plus en douceur nos anciennes façons d'être, au lieu de les supprimer brutalement. En nous faisant admettre que le changement prend du temps, cette méthode nous autorise les reculs, l'imperfection, les essais, les erreurs, et la patience. Vous aurez de bons jours et de mauvais jours ; ce qui compte, c'est de retenir le bon et de se pardonner le mauvais.

Prenez à présent un moment pour réfléchir à votre habitude et trouver une manière de la fractionner en petites tâches ou en petits intervalles de temps. Voici quelques exemples pour vous aider à trouver l'inspiration.

- Asseyez-vous pour écrire juste une page de votre livre.
- Nagez juste un kilomètre ce matin.
- Entraînez-vous juste cinq minutes au piano. La fois suivante, montez à sept minutes, puis à dix minutes.
- Ne dites pas une seule chose désobligeante à propos de quiconque pendant tout le déjeuner avec vos amis.
- Faites seulement dix pompes. La fois suivante, passez à douze, puis à quinze.
- Passez juste trois appels de prospection avant de vous lever de votre bureau.
- Empêchez-vous de dire des gros mots juste aujourd'hui.
- Passez-vous du fil dentaire seulement ce matin.

* Laissez votre téléphone dans le placard juste pour ce soir, pendant que vous profitez du dîner avec votre famille.

À présent, prononcez votre mantra. Déclamez-le à voix haute, dans votre tête, répétez-le toute la journée, ressentez-le, lisez-le, aimez-le, croyez-le, et prenez-y du plaisir. Devenez votre mantra, répétez-le, et puis répétez-le encore. Dites-le au réveil et dites-le juste avant de vous endormir.

JOUR 12
DOMPTEZ VOS AMORCES

Le jour 5, nous avons évoqué le fait de se rendre indisponible pour les négociations. Aujourd'hui, nous allons monter d'un cran, non seulement en refusant de négocier, mais aussi en utilisant ces négociations pour provoquer le réflexe de passer à une activité ou à une pensée bénéfique. Ainsi, la tentation négative de la négociation se transformera en un rappel positif.

Par exemple, lorsque vous ressentez une folle envie d'un cookie, servez-vous de votre désir de vous autoriser un écart comme d'un signal pour boire un grand verre d'eau. Lorsque vous commencez à négocier pour sécher votre méditation du matin, utilisez votre impatience comme un rappel pour répéter votre mantra cinq fois avant de poser vos fesses pour méditer. Au lieu de laisser tomber l'heure de soutien scolaire bénévole, appuyez-vous sur votre envie de paresser pour renforcer votre engagement ; le réflexe d'appeler pour prévenir que vous êtes malade vous servira d'amorce pour visualiser le visage radieux des enfants qui s'éclaire subitement lorsqu'ils viennent de comprendre quelque chose grâce à vous. Quand vous êtes tenaillé par la tentation de rester à côté du buffet lors d'une fête pour engloutir tous les cubes de cheddar qui traînent, visualisez vos kilos non désirés en train de s'envoler de votre corps. Si l'envie vous prend de vous dénigrer avec une blague, remplacez-la par un compliment à quelqu'un (ou à vous-même).

L'important est d'avoir en tête une pensée ou une action de rechange spécifique, de façon à être préparé lorsque vous serez tenté de commettre un écart (ce qui arrivera forcément). Déterminez l'action ou la pensée positive en question, notez-la dans votre carnet et dégainez-la la prochaine fois qu'une négociation aura le culot de vous approcher, vous et votre habitude. Vous pouvez choisir de quelle façon accueillir les pensées qui se présentent sur votre route. Prenez la décision consciente d'utiliser vos amorces pour activer des rappels positifs plutôt que la destruction de votre habitude.

À présent, prononcez votre mantra. Déclamez-le à voix haute, dans votre tête, répétez-le toute la journée, ressentez-le, lisez-le, aimez-le, croyez-le, et prenez-y du plaisir. Devenez votre mantra, répétez-le, et puis répétez-le encore. Dites-le au réveil et dites-le juste avant de vous endormir.

JOUR 13
RAPPELEZ-VOUS DE VOUS RAPPELER

Aujourd'hui, célébrons le fait que vous avez accompli plus de la moitié des vingt et un jours du programme, en prenant un instant pour rappeler à quel point vous êtes une créature puissante. Commençons par savourer le chemin que vous avez parcouru ces dernières semaines : vous avez répondu présent jour après jour ; vous avez appris quelles étaient vos forces et vos faiblesses ; vous avez déblayé vos désirs, vos pensées, vos actions ; vous vous êtes ouvert à l'échec ; vous vous êtes préparé à accueillir le succès ; vous avez pris la responsabilité de votre propre bonheur ; vous avez décidé de créer ce que vous désiriez ; vous avez bazardé vos excuses éculées ; vous avez expérimenté un certain inconfort ; vous vous êtes prouvé que vous aviez foi en vous, et que vous vous aimiez suffisamment pour faire le nécessaire afin de changer votre vie.

Vous pouvez réussir absolument tout ce que vous décidez d'entreprendre. Peu importe combien de fois vous vous êtes planté par le passé ; les échecs font partie du chemin.

Vous pouvez choisir de percevoir vos erreurs comme la preuve que vous êtes un imbécile, ou bien que vous êtes remonté en selle, ou que vous aviez quelque chose à apprendre, ou que vous grandissez, ou que vous persévérez contre vents et marées, ou que vous ne laisserez plus jamais passer une chose pareille. Vous avez compris que ce à quoi vous choisissez de prêter attention conditionne votre perception de la réalité, et même s'il vous arrive de perdre de vue cette vérité, vous devenez chaque jour un peu plus fort pour la garder en tête.

Rappelez-vous que vos désirs sont taillés pour vous. Rappelez-vous que vous avez reçu les moyens de traduire ces désirs en actes en croyant à ce qui n'est pas encore visible, en focalisant vos pensées et vos paroles sur les hurlements de votre cœur plutôt que sur vos peurs, en vous entourant de personnes extraordinaires, en modifiant consciemment vos habitudes pour les faire correspondre à l'être que vous devenez, et en répétant une action qui vous fait un peu ronchonner.

Vous faites partie d'un univers infini ; vous êtes fort, vous êtes formidable, et l'idée que vous ne méritez pas ou ne pouvez pas ou ne devriez pas avoir ces désirs qui illuminent votre cœur est aussi ridicule qu'un arbre songeant qu'il ne devrait pas pousser, le soleil qu'il ne devrait pas se coucher ou un mouton qu'il ne devrait pas bêler.

Lorsque vous vous retroussez les manches pour créer des habitudes d'enfer, vous reprogrammez littéralement votre esprit pour vous rappeler qui vous êtes en vérité.

Vous êtes ici pour vous épanouir en devenant la version de vous-même la plus authentique, la plus joyeuse et la plus lumineuse. En faisant cela, non seulement vous vivrez une vie bien plus gaie que si vous restiez tristement recroquevillé dans les ténèbres, mais vous répandrez de la lumière sur tout le monde situé dans votre orbite. En étant au meilleur de vous-même, vous allumez une mèche chez les autres, vous les inspirez et vous leur montrez ce qui est possible aussi pour eux.

Félicitations. Un million de fois merci. Gardez ce flambeau allumé.

À présent, prononcez votre mantra. Déclamez-le à voix haute, dans votre tête, répétez-le toute la journée, ressentez-le, lisez-le, aimez-le, croyez-le, et prenez-y du plaisir. Devenez votre mantra, répétez-le, et puis répétez-le encore. Dites-le au réveil et dites-le juste avant de vous endormir.

JOUR 14
PESEZ VOS MOTS

Quiconque pense que les mots n'ont pas de pouvoir n'a jamais rencontré mon entraîneuse de basket au lycée. Elle pouvait convaincre n'importe qui de n'importe quoi, y compris moi et mon mètre quatre-vingt-deux – qui détestions le basket-ball – d'entrer dans son équipe. Élève de seconde maîtrisant à la perfection l'art de n'être ni populaire ni bien coordonnée, j'étais terrifiée à l'idée de côtoyer des filles plus âgées que moi tout en affichant publiquement ma nullité athlétique de grande bringue maladroite. Ma capacité à faire rebondir accidentellement le ballon sur mes pieds et à viser le mauvais panier n'inquiétait toutefois pas mon entraîneuse. Tout ce qu'elle voyait, c'était une fille avec des bras de pieuvre.

« Un seul rebond et puis tu passes, ne dribble pas, ne marque pas, attrape juste la balle et fais une passe. Tu es notre arme secrète, Sincero, avec toi, on sera les championnes de l'État ! » Son discours d'encouragement comprenait aussi des termes enivrants tels que « star », « spéciale » et « soirées pizza ». Au point que, malgré une périostite tibiale atroce et les nouveaux surnoms que ma carrière sportive improbable ne manquerait pas de susciter auprès des garçons qui me tyrannisaient (la Bringuebale, Kraken, Gigantasse), j'ai passé la majeure partie de ma première année de lycée à arpenter le terrain de basket dans un uniforme qui ne m'allait pas, tandis que mes genoux bulbeux s'entrechoquaient comme des noix de coco au sommet de mes tibias maigrichons.

J'ignore comment, mais j'ai réussi à tenir toute la saison, et je me serais peut-être laissé convaincre de rempiler l'année suivante si l'entraîneuse n'avait pas ruiné sa crédibilité en m'assurant, malgré mes protestations, que ce serait une idée géniale de me déguiser en Big Bird pour la fête du club. Il va sans dire que défiler aux côtés de mes camarades costumées (que je dépassais toutes d'une tête) en ne portant rien d'autre que des collants jaune fluo, un justaucorps couvert de plumes et un bec fabriqué avec un cône de chantier dépassait largement ce que mon fragile statut social pouvait supporter. Ayant officiellement atteint mon seuil d'humiliation, je suis devenue insensible aux avances de mon ex-entraîneuse et, l'année suivante, l'équipe féminine du lycée a manqué de se faire qualifier au championnat d'État à deux noix de coco près.

On m'a également convaincue un jour d'achcter une télévision géante dont je n'avais ni besoin ni envie ; j'ai fait croire à ma petite sœur que mes parents l'avaient adoptée et qu'elle était la fille du type ivre et flippant qui traînait devant l'épicerie à côté de chez nous ; et nous sommes nombreuses à être entrées, au moins une fois dans notre vie, dans un salon de coiffure avec l'intention de faire rafraîchir notre coupe, pour ressortir avec une espèce de choucroute sur le crâne parce que le coiffeur nous avait juré qu'on serait splendide.

Surveillez vos paroles. Et celles de tout le monde.

Ce que vous dites s'ancre dans votre réalité, donc si vous racontez combien vous êtes paresseux, ou nul pour vous rappeler les anniversaires, ou totalement dépourvu de volonté, ou que vous répétez à quel point vous aimez vraiment très fort cette cigarette qui accompagne votre café, ainsi en sera-t-il. Aujourd'hui, je vous demande de prêter attention aux paroles qui sortent de votre bouche et se promènent dans votre tête. Si vous avez besoin d'un signal visuel pour vous sortir d'un mode de pensée automatique, attachez une ficelle autour de votre poignet, semez des Post-it dans votre appartement ou collez une gommette sur votre téléphone : tout ce qui pourra vous aider à vous faire penser à peser vos mots aujourd'hui.

Vous répétez déjà votre mantra tous les jours. Comment pouvez-vous mettre encore plus les mots à votre service pour aider votre nouveau moi ? Eh bien, je vais vous le dire. Commencez par vous mettre à nouveau dans la peau de la personne que vous devenez, et imaginez-vous parler comme elle parlerait toute la journée, comme si vous étiez une marionnette au bout de son bras. « Que dirait mon héros ou mon héroïne de l'habitude ? » Puis procédez comme suit :

* **Soyez à l'affût des expressions suivantes :**
  Je ne peux pas...
  J'aimerais bien...
  Je veux...
  Je serai...
  Je suis nul pour...
  J'essaie de...
  Je déteste...

Et remplacez-les par ces mots :

J'aime...
Je peux...
Je fais...
Je suis...
Je crée...
Je suis doué pour...
J'ai tellement de reconnaissance pour...

✶ **Repérez toute habitude de penser ou de parler qui ne représente pas votre nouveau moi badass, et dégommez-moi tout ça.** Et tant que vous y êtes, remplacez les propos négatifs par des paroles et des pensées valorisantes.

✶ **Utilisez les expressions positives listées ci-dessus pour écrire trois phrases que dirait la personne que vous devenez, et trouvez un moyen d'utiliser ces phrases aujourd'hui.** Vous gagnez des points supplémentaires si ces phrases contredisent ce que dirait l'ancien vous.

✶ **Choisissez délibérément les paroles que vous recevez.** Si vous êtes exposé à des discours toxiques qui risquent de vous désarçonner, coupez la télévision, posez le journal, fermez le fichier sur lequel vous travaillez, sortez-vous de là, fermez vos oreilles ou, si vous êtes coincé avec une personne négative qui vous agresse, brouillez sa fréquence en répétant votre mantra en boucle dans votre tête.

À présent, prononcez votre mantra. Déclamez-le à voix haute, dans votre tête, répétez-le toute la journée, ressentez-le, lisez-le, aimez-le, croyez-le, et prenez-y du plaisir. Devenez votre mantra, répétez-le, et puis répétez-le encore. Dites-le au réveil et dites-le juste avant de vous endormir.

JOUR 15

CULTIVEZ VOTRE ASSURANCE

Autrement dit, il s'agit de travailler votre confiance en vous, en votre force et en votre intelligence pour pouvoir vous dire : « J'en suis capable. » Même quand vous ne savez pas trop ce que vous êtes en train de fabriquer, vous gardez confiance dans le fait que vous allez arriver à vos fins. Pour incorporer de nouvelles habitudes saines à votre vie, vous devez avoir confiance en votre capacité de réussite. Sinon, vous et vos meilleures intentions, vous ferez avaler tout crus par les râleurs et les sceptiques de tout poil, les coussins du canapé, les espaces fumeurs et les boutiques de donuts du monde entier.

La bonne nouvelle, c'est que vous êtes né plein d'assurance. Ce n'est pas une qualité que vous devez aller pêcher je ne sais où, c'est quelque chose que vous avez en vous ; il faut seulement que vous dégagiez les pensées paralysantes qui recouvrent cette qualité pour laisser enfin flamboyer votre moi véritable.

Toutes les peurs, les incertitudes et les inquiétudes que vous avez vis-à-vis de vous et de votre génialitude vous viennent de votre entourage et de vos échecs temporaires. Elles ne sont en rien la vérité.

« Je suis une quiche en yoga… », « Je chante comme une casserole… », « J'ai un caractère de chiotte… », « Je suis bordélique… ». Tout ça, ce ne sont que des croyances, et une manière de les modifier consiste à renforcer votre assurance de badass, ce qui correspond à notre programme du jour.

Voici quelques-unes de mes astuces favorites pour muscler votre confiance en vous :

1. **Laissez votre corps guider votre esprit.** Notre corps et notre esprit sont les meilleurs potes du monde. Ils sont constamment en communication ; ils partagent tout et n'aiment rien tant que se ressembler. Quand notre esprit est gorgé de stress et de pensées sombres, par exemple, notre corps compatit en attrapant des maladies et des maux de tête, en se rongeant les ongles, en étant faiblard et en trébuchant ou en se retenant aux meubles. Quand notre esprit est joyeux et plein d'espoir, notre corps a de l'énergie, une peau radieuse, des sourires jusqu'aux oreilles et l'envie de toper avec tout le monde. À l'inverse, si notre corps se fait renverser par une voiture ou mordre par un serpent, notre esprit se remplit de peur, de tristesse et de désespoir, et si nous sommes en forme, bien nourri et avec des pompes super-classe aux pieds, nous nous sentons heureux, sexy et invincibles.

   Toute la journée, adoptez le langage corporel d'une personne assurée, et votre esprit suivra : marchez la tête haute, asseyez-vous le dos droit, souriez, respirez lentement et profondément, gardez les épaules en arrière et les pieds écartés de la largeur des épaules. Le contrôle de votre posture est l'une des façons les plus simples et les plus efficaces de renforcer votre assurance, alors faites-le vraiment et constatez combien vous vous sentez plus fort.

2. **Agissez comme si vous aviez confiance en vous.** Revenez sur l'idée d'agir comme la personne que vous devenez, et concentrez-vous sur le fait que vous respirez l'assurance.

Durant toute la journée, et surtout juste avant de pratiquer votre nouvelle habitude ou de zapper l'ancienne, imaginez-vous dans la peau de votre nouveau moi plein d'assurance. Vous avez confiance en vous et zéro inquiétude ; votre calme, votre maîtrise et votre détachement sont tels que votre habitude est à peine un sujet. « Évidemment que je vais courir, c'est ce que je fais et je le fais bien. Quelle assiette de cookies tout chauds ? Tout ce que je vois, c'est ma cuisine ensoleillée et mes enfants adorables assis à table pour goûter. Je ne me rappelle même pas avoir galéré pour méditer tellement c'est une seconde nature chez moi. Vous êtes en train de me dire qu'il y a vraiment des gens pour qui c'est difficile ? » Créez un personnage à partir de la personne assurée que vous devenez, et pavanez-vous toute la journée dans son beau costume.

3. Accumulez les preuves. Sur votre carnet, notez trois situations où vous avez surmonté vos doutes et prouvé que vous étiez capable, du poste que vous ne pensiez pas décrocher à cette personne qui vous semblait trop bien pour vous et avec qui vous êtes pourtant sorti, en passant par le projet de voyage que vous avez concrétisé ou le jour où vous avez fait traverser tout le pays à votre famille pour aller battre votre voisin Jacques Gros Cerveau aux échecs. Trois souvenirs. Écrivez-les. Vous voyez ? Vous avez déjà confiance en vous.

4. Entraînez-vous. Musclez tranquillement votre assurance en y allant à petits pas. Si vous voulez devenir un meilleur commercial, entraînez-vous à convaincre vos enfants qu'ils font une super affaire en allant se coucher tôt sans faire d'histoires. Si vous désirez vous habituer à mieux écouter, passez cinq minutes au tout début de votre prochaine conversation avec un inconnu à n'offrir rien d'autre qu'un contact visuel, des hochements de tête compréhensifs et des questions de relance. Si vous prenez l'habitude d'être plus sociable, entraînez-vous à vous sourire en vous regardant dans le miroir. Ce qui compte, c'est de s'exercer en lieu sûr, sans que les résultats ne portent à conséquence, et de sortir de votre zone de confort sans vous retrouver en milieu hostile. Trouvez trois petits exercices qui vous donneront confiance en vous, et faites-les aujourd'hui.

5. Faites-en un service rendu aux autres. Quand on évoque le manque de confiance en soi, les coupables qui nous retiennent le plus fréquemment en otage sont la peur d'avoir l'air stupide, de se sentir rejeté et de perdre tout ce que nous avons (argent, dignité, amis, travail, respect de soi-même). C'est pour cela qu'il est si efficace de cesser de se regarder le nombril pour faire de cette quête de confiance en soi un cadeau à offrir aux autres. J'ai fait appel à une coach pour lutter contre le trac qui me paralysait avant de parler en public. L'un de ses meilleurs conseils a été de m'inciter à me considérer comme un canal d'une information que je venais partager (plutôt que comme une personne ayant désespérément besoin d'approbation). Bien sûr, j'allais faire de mon mieux, mais la question de savoir si le public me trouverait fabuleuse ou givrée ne me concernait pas. Mon boulot consistait à transmettre l'information du mieux que je pouvais.

Gardez la tête haute en pensant à la personne que vous devenez, et visualisez au bout de vos doigts l'afflux de présents que vous allez distribuer ; sentez la confiance parcourir tout votre corps comme une énergie, sentez la force des mots qui sortent de votre bouche. Considérez-vous comme le canal par lequel passe l'Univers pour délivrer ses messages à vos camarades terriens, et pensez à tous les gens que vous allez aider en vous améliorant vous-même.

6. Entourez-vous de supporters acharnés. Comme évoqué au jour 8, votre environnement influence énormément la perception que vous avez de vous-même, de ce que vous croyez possible, et la facilité ou la difficulté que vous aurez à vous retenir de boire une bière au petit déjeuner. Votre environnement joue aussi fortement sur votre capacité à garder confiance en vous, alors soyez-y attentif et procédez à une mise à niveau au besoin. Lisez des livres stimulants ; fréquentez des gens qui sont sur la même longueur d'onde que vous, et qui vous trouvent drôle et brillant ; évitez ceux qui sont incapables de voir votre splendeur et fuyez les endroits qui vous détourneront du droit chemin, vous casseront la baraque ou bien vous offriront des cookies gratuits avec votre salade. Écoutez, regardez, revêtez, partagez ce qui vous fait vous sentir heureux et assuré ; plus vous créerez consciemment un environnement qui renforce votre confiance, plus vous serez confiant.

7. Personne ne se fait totalement confiance. Certaines personnes sont-elles d'une manière générale plus assurées que d'autres ? Bien sûr. Est-ce que tout le monde a un talon d'Achille en matière d'insécurité ? Un peu, mon neveu. Je ne pourrais pas vous dire combien de personnes m'ont raconté en parlant du lycée : « J'avais des amis, mais je ne faisais pas vraiment partie d'un groupe. J'étais un peu à part. » Nous nourrissons tous des complexes d'infériorité depuis des décennies, mais je suis ici pour vous dire que même les plus populaires du lycée ont confessé se sentir « un peu à part ».

C'est facile de croire que tout le monde est mieux que vous, plus confiant, plus heureux, avec des vacances plus cool que les vôtres (merci les réseaux sociaux), alors qu'en réalité, on en est tous à faire plus ou moins ce qu'on peut. Ça ne veut pas dire que la vie est une compétition ou un jeu de comparaison ; je n'ai de goût ni pour l'une ni pour l'autre. Je veux simplement vous rappeler que personne n'a toutes les cartes en main. Vous non plus. Inutile, donc, de nourrir des exigences impossibles à tenir. Appréciez plutôt l'individu à nul autre pareil que vous êtes, et savourez le processus d'apprentissage qu'est votre seule et unique existence.

À présent, prononcez votre mantra. Déclamez-le à voix haute, dans votre tête, répétez-le toute la journée, ressentez-le, lisez-le, aimez-le, croyez-le, et prenez-y du plaisir. Devenez votre mantra, répétez-le, et puis répétez-le encore. Dites-le au réveil et dites-le juste avant de vous endormir.

JOUR 16
RÉSERVEZ UNE DATE

Avez-vous déjà obtenu un poste alors que vous n'aviez pas l'expérience requise, simplement parce que le courant passait bien avec le recruteur ? J'imagine qu'ensuite, vous avez commencé par paniquer (« Je ne sais pas du tout ce que je fous là. Et ces pauvres gens me payent ! Est-ce que je peux aller en prison pour ça ? »), avant de réussir à démêler les problèmes à mesure que vous avanciez. Avez-vous déjà programmé des vacances sans savoir où vous alliez trouver le temps de partir, sans parler du moyen de les financer, pour vous retrouver quelques mois plus tard à bronzer sur une plage de sable blanc avec une perche à selfie à la main, après avoir finalement réussi à trouver le temps et l'argent ? Vous est-il arrivé de laisser traîner pendant des semaines la rédaction d'un dossier, puis de vous asseoir à votre bureau pour faire semblant d'y travailler pendant plusieurs jours, en gaspillant beaucoup plus d'heures que vous ne voudrez bien l'admettre à paniquer, à vous plaindre, à pleurnicher, pour finir par pondre ce fichu document la veille de sa remise, avec un brio époustouflant ? Lorsque nous sommes confrontés à des ultimatums, c'est-à-dire quand la situation se résume à « Marche ou crève », même si nous ne voyons pas comment nous allons pouvoir continuer à mettre un pied devant l'autre, nous finissons par trouver une solution pour avancer malgré tout.

Quand on cherche un partenaire à qui rendre des comptes, on trouve rarement mieux que la panique, les arrhes non remboursables ou la menace d'une humiliation publique.

Le travail de ce jour va consister à mettre en place un système qui vous liera contractuellement à votre habitude. Si vous décidez de courir tous les matins, inscrivez-vous à un marathon pour lequel vous vous entraînerez et assurez-vous d'avoir prévenu tous vos amis pour qu'ils viennent vous applaudir à l'arrivée avec des tee-shirts à votre effigie. Si vous apprenez à jouer du piano, engagez-vous à faire un concert à la fête d'un ami, dans un club ou en direct sur Facebook. Préparez une giga-fête pour célébrer vos six mois sans tabac : envoyez les invitations, versez un acompte au groupe qui viendra jouer, posez un jour de congé. Fêtez vos trente jours consécutifs de Pilates en achetant à l'avance des billets pour un spectacle de danse sur glace.

Trouvez un événement situé dans l'avenir et occupez-vous aujourd'hui de le réserver, de l'organiser et d'y inviter tous vos amis, puis laissez agir la douloureuse magie de la date butoir pour vous aider à honorer votre habitude.

À présent, prononcez votre mantra. Déclamez-le à voix haute, dans votre tête, répétez-le toute la journée, ressentez-le, lisez-le, aimez-le, croyez-le, et prenez-y du plaisir. Devenez votre mantra, répétez-le, et puis répétez-le encore. Dites-le au réveil et dites-le juste avant de vous endormir.

JOUR 17
REMERCIEZ

Je pourrais écrire des livres entiers sur le pouvoir de la gratitude, mais je me limiterai ici à vous expliquer comment elle peut vous aider à respecter votre habitude et vous donner envie de devenir la personne que vous avez choisi d'être. À tout moment, vous pouvez choisir ce sur quoi porter votre attention et comment vous comporter ; la clé pour activer cet immense pouvoir du choix, c'est la conscience.

Penchez-vous sur votre vie. Avez-vous connu des moments où vous avez pensé quelque chose du style : « Mince, j'aurais dû m'autoriser à m'amuser davantage au lycée au lieu de me sentir toujours moche, mal dans ma peau et vouée au célibat ? » Avez-vous déjà ressenti de la nervosité, une forme de panique et un nœud à l'estomac à cause d'une conversation qui vous terrifiait ou d'une chose que vous aviez peur de faire, pour réaliser après coup qu'il n'y avait pas de quoi fouetter un chat ? Pouvez-vous imaginer comme ça aurait été fabuleux si, dans ces moments-là, vous étiez resté focalisé sur les bonnes choses de la vie au lieu d'être obnubilé par la peur ? Dans les nombreux moments de la vie où l'on patauge, on éprouve plein de choses pas marrantes, notamment l'humiliation résultant de nos choix lamentables. Imaginez un peu le gain que ça représenterait si vous étiez capable de ressentir tout ce qu'il y a à ressentir, de batailler quand il faut batailler et de retenir les leçons douloureuses, mais sans oublier que vous pouvez toujours choisir d'apprécier ce que vous avez, et de faire preuve de gratitude.

L'idée n'est pas de nier les sentiments pénibles, mais de ne pas en être prisonnier.

Ménager de la place pour faire cohabiter la gratitude et la mauvaise humeur, c'est comme se regarder dans une glace et ronchonner en comptant ses rides, tout en se rappelant qu'on ne sera plus jamais aussi jeune qu'aujourd'hui : vous n'avez pas à faire comme si vous adoriez vos pattes d'oie, mais vous n'êtes pas non plus obligé de vous saper le moral. Vous pouvez apprécier votre beauté actuelle à sa juste valeur, remercier vos rides d'être la preuve que vous riez beaucoup dans la vie, les voir comme des marques de sagesse et remarquer les zones de votre visage qui sont encore lisses.

Prenez dès à présent un instant pour fermer les yeux, respirer profondément et penser à dix choses pour lesquelles vous éprouvez de la gratitude. Pensez aux gens qui vous aiment, au fait que vous savez lire, aux fleurs, à la nourriture dans votre frigo, à la musique, aux éclats de rire, aux leçons de vie, tout ça. Immergez-vous complètement dans ce bain de gratitude et constatez-en les effets : peut-être vous sentez-vous plus léger, ou plus centré, plus détendu, plus connecté, plus fort, plus empli d'amour ou époustouflé d'être à ce point béni. Remarquez aussi l'éventuel picotement de joie qui se manifeste quelque part dans votre corps et, le cas échéant, posez votre main dessus et passez quelques secondes à vous connecter à cette sensation physique de gratitude. Vous gagnez des points supplémentaires si cela vous fait venir les larmes aux yeux. Songez à quel point votre vie serait différente si vous ressentiez cette énergie de façon régulière.

Ce sentiment de gratitude est accessible en permanence ; vous devez seulement rester en éveil pour faire le choix d'aller à sa rencontre, et c'est ce à quoi nous allons nous entraîner aujourd'hui. Écrivez dix raisons d'éprouver de la gratitude parce que vous *pouvez* (et non pas *devez*) exercer votre habitude, et puisez dans les sensations physiques et les émotions que cela vous procure. Au fil du temps, quand la nouveauté de l'habitude s'estompe, penser à ressentir de la gratitude face au changement au lieu de ronchonner peut s'avérer crucial : c'est ce qui vous permettra de tenir bon, au lieu de baisser les bras. Par exemple, vous pouvez râler parce que manger encore et encore des légumes verts n'est pas très rigolo, fantasmer sur les tartines beurrées que vous rêvez d'ingurgiter, ou vous dire que vous allez hurler la prochaine fois que quelqu'un prononce le mot « sain » devant vous. OU BIEN vous pouvez vous concentrer sur la gratitude que vous éprouvez à l'idée que…

* vous possédez ce corps merveilleux qui sait danser, pomper le sang dans vos veines, faire pousser vos cheveux, cicatriser, ressentir du plaisir, savourer un excellent verre de vin et tricoter une écharpe sublime ;
* vous excellez dans l'art de faire advenir la réalité dans laquelle vous choisissez de vivre plutôt que de vous contenter de ce que vous pouvez avoir ;
* vous êtes en mesure de nourrir ce corps magnifique, le seul et l'unique dont vous disposez ;
* vous connaissez le secret pour traduire vos désirs en actes, en vous concentrant et en agissant comme il convient ;

* vous changez votre vie en mieux, en ce moment même ;
* vous rendez votre quartier plus agréable en y courant tous les matins avec votre joie, votre belle plastique et votre bonne santé ;
* vous offrez un bel exemple en montrant que, si vous êtes capable de mettre fin à votre histoire d'amour avec les chips pour mieux prendre soin de votre corps, cela veut dire que les autres peuvent procéder à des changements bénéfiques.

Vous avez le pouvoir et le choix de devenir la personne que vous désirez. C'est un énorme cadeau que vous offre l'Univers, si vous voulez mon avis. Exercez votre gratitude en pensant aux choix conscients que vous êtes en mesure d'opérer, aux échecs que vous avez connus et à ce qu'ils vous ont appris, soyez reconnaissant envers votre esprit, votre corps, votre âme et envers la personne que vous devenez. Appuyez-vous sur ce sentiment de gratitude pour garder votre motivation et dépasser l'ennui ; cela vous aidera à ancrer solidement votre habitude.

À présent, prononcez votre mantra. Déclamez-le à voix haute, dans votre tête, répétez-le toute la journée, ressentez-le, lisez-le, aimez-le, croyez-le, et prenez-y du plaisir. Devenez votre mantra, répétez-le, et puis répétez-le encore. Dites-le au réveil et dites-le juste avant de vous endormir.

JOUR 18

RENVOYEZ L'ASCENSEUR

J'écris ce livre alors que la pandémie de Covid-19 fait rage sur toute la planète, et je suis terrée chez moi sans savoir quel genre de vie nous attend à l'autre bout du tunnel. Je me sens tour à tour nauséeuse, débordante de gratitude, concentrée, humaine, prête à me rouler en boule sous mon bureau, flippée à mort, humaine, en colère, légère comme dans une bulle de savon flottant à travers l'espace, déterminée, dévastée, humaine. Oui, nous ressentons tous tout un tas de choses au fil de la journée, mais tout est plus intense en ce moment, et pour moi, ce sentiment d'être humaine (mortelle, consciente, membre de la famille humaine et participant à sa conscience collective), ce sentiment donc, est plus que jamais particulièrement prédominant. Pour la première fois de ma vie, je sens que tous les êtres humains sont unis dans la lutte contre un ennemi commun (avec des ressources très variables, certes). Cette menace de tout perdre (son gagne-pain, ses proches et jusqu'à sa vie) a dépouillé l'existence de tous ses oripeaux pour révéler une chance énorme, une chance unique : celle de s'unir, de se venir en aide comme on le peut, de se réconforter et de se protéger mutuellement.

Ce que nous vivons me rappelle l'époque où j'habitais à Los Angeles et où nous subissions de temps à autre un tremblement de terre. La planète nous réveillait en nous secouant comme des pruniers et nous rappelait ainsi combien la vie est précieuse, l'incertitude permanente, et qu'il faut éprouver de la gratitude pour la flopée de choses que nous prenons pour acquises. Une fois les secousses terminées, tout le monde sortait de chez soi, hébété (et en robe de chambre), pour se retrouver dans la rue. Je rencontrais des voisins que je n'avais jamais vus, j'étreignais des inconnus, je parlais à tout le monde comme si nous étions tous allés à l'école ensemble, et nous flottions collectivement dans cette réalité suspendue où les priorités comme le lien humain, le bien-être général et la gratitude étaient remontées à la surface, dominant le tumulte de nos soucis quotidiens, de nos obsessions mesquines et de nos forteresses sociales.

C'est sur ce retour à l'essentiel que j'aimerais me pencher aujourd'hui, sur cet état de béatitude où l'on apprécie ce qu'on est et les habitudes que l'on a. Cela peut paraître ridicule d'attacher une telle profondeur à votre objectif de faire votre lit tous les matins, mais au-delà d'oreillers impeccablement gonflés et de draps bien bordés, vous prenez l'engagement de devenir une meilleure personne, de modifier consciemment votre réalité et de traduire en actes les désirs de votre cœur.

Arrêtez-vous un instant pour réfléchir à toutes les vies sur lesquelles vous aurez un impact en améliorant la vôtre. Si vous n'avez aucune prise sur la façon dont les autres vous perçoivent et sur leurs actions, vous contrôlez en revanche l'exemple que vous donnez et les occasions que vous leur offrez de s'éveiller à leur propre magnificence. Pensez au message que vous envoyez au monde en étant un non-fumeur plutôt qu'un fumeur ; songez que vous avez montré à vos proches le pouvoir de l'esprit humain, rappelez-vous leur soulagement d'être libérés de l'odeur du tabac froid et des substances cancérigènes. Visualisez l'énergie de vos mouvements quand vous êtes en forme, que vous mangez sainement et que vous appréciez pleinement ce miracle qu'est votre corps. Comparez cette énergie avec celle que vous dégagez lorsque vous êtes en vrac, en plein déni de vos problèmes, et que vous traitez votre corps comme une poubelle. Songez à ce que vous avez enseigné à vos enfants en vous affranchissant de l'habitude d'être fauché, et en devenant quelqu'un pour qui le flouze n'est plus un problème.

Des études ont prouvé que les gens ressentent bien plus de bonheur et de satisfaction en offrant des cadeaux plutôt qu'en en recevant, et aujourd'hui, j'aimerais que vous utilisiez votre générosité naturelle pour ancrer votre habitude et maintenir le cap. Durant toute la journée, entraînez-vous à éprouver combien vous offrez au monde qui vous entoure en donnant le meilleur de vous-même.

- **Rappelez-vous que chacun de vos actes est une goutte d'eau dans l'océan ; ils peuvent paraître dérisoires, mais l'océan n'est rien d'autre qu'une somme de gouttes d'eau.** Listez les personnes sur lesquelles vous avez une influence positive en améliorant votre vie, et décrivez comment. Allez bien au-delà de votre entourage immédiat, et prenez en compte l'effet d'entraînement que vous pouvez avoir sur les réseaux sociaux, sur les inconnus dans la rue, et sur l'espèce humaine dans son ensemble.

- **Durant toute la journée, puisez dans les sentiments que vous inspire le fait de donner aux autres, de faire des émules, et d'apporter la preuve que si vous pouvez arrêter la caféine alors que vous êtes accro au mocaccino, vous pouvez tout faire.** Ménagez-vous des pauses au calme pour prendre une bonne bouffée de gratitude envers ce que vous êtes, envers les innombrables bienfaits que vous distribuez, et envers votre aptitude à motiver les troupes en leur secouant les puces.

✶ **Honorez votre habitude aujourd'hui avec la conscience que l'Univers œuvre à travers vous.** Gardez à l'esprit l'idée que vos désirs vous ont été amoureusement attribués pour vous donner un objectif enthousiasmant à viser durant votre passage sur Terre. Rappelez-vous qu'en balayant vos excuses d'un revers de la main et en donnant tout ce que vous avez, vous diffusez une lumière qui permet aussi aux autres de voir leur vrai moi.

À présent, prononcez votre mantra. Déclamez-le à voix haute, dans votre tête, répétez-le toute la journée, ressentez-le, lisez-le, aimez-le, croyez-le, et prenez-y du plaisir. Devenez votre mantra, répétez-le, et puis répétez-le encore. Dites-le au réveil et dites-le juste avant de vous endormir.

JOUR 19
ACCROCHEZ-VOUS COMME UNE SANGSUE

Tout changement qui en vaut la peine sera difficile, parce qu'il vous demandera de sauter dans l'inconnu. On n'a rien sans rien, comme dirait l'autre. Ça me rappelle les courtes années de lycée où j'ai été occupée à grandir pour atteindre mon mètre quatre-vingt-deux actuel ; je me réveillais toutes les nuits en hurlant de douleur à cause des crampes, puis je me désentortillais frénétiquement de mes draps pour sauter hors du lit et m'étirer contre le mur. À la fin de ma croissance, la douleur a cessé et ma nouvelle taille est devenue normale, ordinaire, ne se rappelant à moi que lorsqu'on remarque à voix haute combien je suis grande (tous les jours), ou aux concerts, en compagnie d'un ami plus petit qui ne voit que des dos et des nuques, ou bien encore lorsque je pars courageusement en mission shopping, à la recherche d'un pantalon assez long pour mes jambes.

À partir d'un certain stade, votre habitude deviendra normale, automatique ; elle ne sera plus qu'un autre aspect admirable de votre personne. La clé consiste à tenir bon contre vents et marées, et c'est ce sur quoi nous allons nous concentrer aujourd'hui. La ténacité est la première vertu citée par les gens à qui l'on demande comment ils ont fait pour réussir. Ils mettent leur succès sur le compte de leur obstination à franchir les obstacles, à être les derniers debout, à reconstruire ce qui se casse la figure, à ignorer les ronchons de tout poil, et à refuser continûment d'abandonner, même si les choses deviennent pénibles, ennuyeuses ou humiliantes.

Le succès favorise les têtes de mule.

Voici quelques-unes des meilleures manières de vous en remettre à votre superbe entêtement.

1. Anticipez et refusez l'inconfort. Le changement est difficile pour l'être humain, ce qui est bien dommage étant donné que la seule constante dans nos vies *est* le changement. Et puisque vous ne pouvez pas lutter contre le changement (non, n'insistez pas), au lieu d'en avoir peur, embrassez-le en l'anticipant. Votre nouvelle habitude modifie une ancienne façon d'être, alors préparez-vous à vous confronter à ce drame bouillonnant avec calme et clairvoyance, plutôt qu'en sombrant dans l'hystérie : « J'ai tellement envie d'un cocktail que ça me met dans tous mes états. Je vais attendre que ça passe au lieu d'en faire des caisses en bramant que je tuerais pour un mojito, et que j'en bave des ronds de chapeau » ; « Il me reste dix pompes à faire avant d'avoir terminé ma séance de sport. J'ai envie de hurler, mais je vais m'accrocher, vu que ce sera terminé dans deux minutes » ; « Je suis sur le point de péter un câble parce que ça fait dix minutes que j'ai commencé à écrire et que chaque mot est plus naze que le précédent. Allez, j'arrête ma comédie, je vais continuer à écrire au lieu de sombrer dans le dégoût de moi-même, parce que quelque chose d'intelligent finira bien par arriver sur cette page ».

S'il n'y a pas de public,
ça ne sert à rien d'en faire un drame.

Accueillez le drame tranquillement, sans vous formaliser, et il perdra le pouvoir de vous paralyser.

2. Exercez-vous à la patience. Je n'oublierai jamais cette inscription lue dans un restaurant il y a des siècles lors d'un voyage en Inde : « Rappelez-vous cette règle d'or : les choses prennent du temps. » Je me souviens aussi avoir attendu un train pendant cinq heures à Udaipur, d'avoir passé huit heures dans un autobus qui devait rallier Dehli à Agra en deux heures et, quand j'ai perdu mon passeport, d'avoir poireauté deux jours dans un obscur bureau à Dehli avant d'obtenir un visa de remplacement. Les choses ont pris du temps, mais parce que j'étais excitée d'être là, parce que tout était nouveau et parce que de temps à autre un éléphant passait par là, j'ai trouvé relativement facile d'oublier mon impatience et de savourer l'instant présent.

On a toujours l'occasion de choisir la patience. Lorsqu'on attend plus de vingt minutes que notre conjoint termine son fichu coup de fil avant de pouvoir dîner, on peut choisir d'être patient et de penser : « Il est en train de parler à quelqu'un qui vit à l'autre bout du monde grâce à des ondes électromagnétiques ou je ne sais quoi. Des ondes invisibles qui transportent nos voix tout autour du monde ! J'assiste à un véritable miracle ! »

La patience est un choix.

Aujourd'hui, je vous demande de vous exercer à remarquer les détails magnifiques et les nombreux miracles de chaque instant au lieu de ruminer sur le temps qu'il faut pour perdre du poids, combien ça vous ennuie de ranger votre maison ou de tenir laborieusement vos comptes chaque semaine.

Remarquez plutôt comment fonctionne votre cerveau pour retenir les mots de vocabulaire anglais que vous mémorisez en vous émerveillant de votre capacité à apprendre une langue étrangère. Attardez-vous sur votre corps qui devient de plus en plus vivant et sur votre peau qui resplendit maintenant que vous mangez plus sainement. Notez combien vos fesses se sont musclées depuis que vous prenez systématiquement l'escalier au lieu d'emprunter l'ascenseur. Les occasions d'éprouver de la gratitude se nichent partout, tout le temps. Entraînez-vous à repérer ces présents qui vous mettent de bonne humeur au lieu de vous enferrer dans l'impatience en bloquant sur tout ce qui vous irrite.

Soyez également attentif à vos paroles d'impatience aujourd'hui. Arrêtez de déclarer que vous en avez marre de ne plus faire la fête, ou de geindre que vous aimeriez mieux prendre une balle plutôt que de suivre encore un cours de yoga, ou de vous agacer parce que votre site web n'est toujours pas prêt. Et inversement, prenez garde à ne pas crier victoire trop tôt pour ne pas vous planter. Restez dans l'instant présent en exerçant vos pensées, vos actions et vos paroles à exprimer de la gratitude pour ce qui *est*. Une dernière astuce pour devenir un pro de la patience : respirez. Pensez à respirer profondément, à vous détendre et à relativiser. Les habitudes prennent du temps ; choisissez d'apprécier le chemin.

3. Trouvez un outil. Je vous encourage à regarder autour de vous pour voir ce qu'un brillant Terrien a trouvé pour se faciliter la vie et nous aider tous à tenir bon. Si vous cherchez à prendre l'habitude de marcher davantage, avez-vous essayé de vous servir d'un Fitbit pour compter vos pas quotidiens ? Si vous avez choisi de prendre l'habitude de manger plus sainement, vous êtes-vous renseigné pour vous inscrire à Weight

Watchers ? Avez-vous pensé à tester les applications sur votre Smartphone ? Il existe des applis pour tout : pour s'entraîner, pour compter les calories, pour méditer, pour faire ses comptes, pour respirer, pour analyser son sommeil... Furetez dans le catalogue et téléchargez la béquille qui vous convient. Car vous n'êtes sans doute pas le premier être humain à vouloir acquérir la nouvelle habitude que vous vous êtes choisie.

Appréciez la camaraderie découlant du fait que d'autres sont passés par là avant vous, et que certains essaient de faire exactement la même chose que vous en ce moment.

Ressentez de la gratitude envers ces personnes qui se trouvent un peu plus loin sur le même chemin que vous et qui, ayant rencontré les mêmes problèmes, ont peut-être trouvé une solution pour alléger votre fardeau. Passez un peu de temps à chercher les outils qui existent au lieu de réinventer la roue ou de vous compliquer inutilement la vie. Vous n'êtes pas seul, l'aide existe tout autour de vous.

4. Ajustez la friction. Reprenez les exercices du jour 2 et voyez si vous pouvez imaginer d'autres manières de rendre votre habitude plus facile ou plus difficile, selon que vous cherchez à l'adopter ou à la délaisser. Donnez-vous à fond pour trouver des idées supplémentaires, parce que la facilité et la friction sont les outils les plus efficaces en matière d'habitudes. Pouvez-vous instaurer un rendez-vous quotidien avec quelqu'un pour faire le point, ou supprimer vos applis de réseaux sociaux, ou installer votre cafetière sur votre bureau pour vous aider à tenir bon ? Inventez un outil supplémentaire pour réussir et mettez-le en place aujourd'hui.

5. Copinez avec la lutte. L'Univers vous a donné le désir de devenir celui ou celle que vous devenez, les moyens de créer ce que vous désirez, et quelques obstacles très créatifs pour vous rendre plus fort, vous aider à apprendre, et vous préserver de l'ennui. Entraînez-vous à avoir de la gratitude pour chaque tentation, chaque hoquet, chaque tortillement d'envie, en réalisant qu'ils sont là pour votre bien. Soyez confiant dans l'idée que rien n'arrive par hasard, déduisez-en la leçon, et appréciez l'occasion de grandir au lieu d'être en colère, frustré, ou de vous apitoyer sur vous-même.

Vous n'avez pas à aimer nager soixante longueurs, mâcher encore une carotte crue ou commander un virgin mojito, mais vous n'êtes pas non plus obligé de vous lamenter sans cesse. Nos choix dessinent ce que nous sommes : si vous souhaitez être une personne de grande volonté, apprenez à choisir de vous focaliser sur les avantages au lieu d'écouter les rabat-joie vous faire la liste de tous les obstacles que vous êtes susceptible de croiser en chemin.

À présent, prononcez votre mantra. Déclamez-le à voix haute, dans votre tête, répétez-le toute la journée, ressentez-le, lisez-le, aimez-le, croyez-le, et prenez-y du plaisir. Devenez votre mantra, répétez-le, et puis répétez-le encore. Dites-le au réveil et dites-le juste avant de vous endormir.

JOUR 20
CAPITULEZ

On m'a raconté récemment une jolie histoire. Donna, une de mes anciennes clientes, qui essayait à l'époque de faire publier son roman tout en lançant sa boîte de coaching en nutrition, avait aussi beaucoup de soucis avec sa fille, une ado apathique qui ne s'exprimait que par monosyllabes et dont la vie se résumait à jouer sur son téléphone, discuter avec ses copines et dormir. Donna avait tout essayé pour la tirer de sa léthargie ; elle avait lu des articles, eu un nombre incalculable de conversations avec sa fille, l'avait envoyée chez divers thérapeutes et dans des camps en pleine nature ; elle lui avait confisqué puis rendu son téléphone, elle avait hurlé, pleuré, imploré, exigé, et s'était fait pas mal de cheveux blancs avant l'heure. Donna était dévorée d'inquiétude. Jusqu'au jour où, en désespoir de cause (et en croisant les doigts), elle a envoyé sa fille dans un internat au règlement très strict.

Je ne suis pas experte en psychologie de l'enfant (loin de là), mais je sais que, outre se montrer pleinement présent et faire tout ce qu'on sait faire, on doit aussi abandonner le besoin de tout contrôler et faire énergiquement de la place pour permettre à l'Univers de nous donner ce que nous demandons.

Avez-vous déjà fait l'expérience de courir après une personne qui vous plaît, ou d'essayer de tomber enceinte, ou de mettre le pied dans la porte d'une entreprise où vous aimeriez travailler, et malgré tous vos efforts, de constater que rien n'arrive ? Vous finissez par lâcher l'affaire, vous arrêtez de vous décarcasser. Tout à coup, la personne qui ne vous regardait pas vous propose un rencard, le test de grossesse est positif, la DRH vous contacte pour un entretien d'embauche… Lorsqu'on s'efforce de faire advenir quelque chose d'important pour soi, on peut devenir (souvent inconsciemment) obsédé par l'idée que c'est trop long à venir, ou que ça ne marche pas. Lorsque vous rendez les armes, toutefois, vous décrochez de l'énergie négative qui imprègne ces pensées obsédantes ; vous n'êtes plus captif de vos doutes, de votre déception ou de votre désespoir, et un nouveau monde s'ouvre à vous.

Donna m'a raconté que sa fille a commencé à avoir de bonnes notes dans sa nouvelle école, à interagir avec les autres élèves et à revenir à la vie. De son côté, Donna a commencé à prospérer professionnellement. Elle dit que c'était presque effrayant : à l'instant où elle a déposé sa fille au pensionnat et renoncé à régir sa vie, les libérant toutes les deux, elle a vu affluer de nouveaux clients sortis de nulle part, et l'argent s'est mis à rentrer presque sans effort. Quant au livre qu'elle avait essayé de faire publier toute l'année précédente, il a été repéré par un éditeur enthousiaste qui était fan de son style et spécialiste du genre de livres que Donna avait envie d'écrire. Elle s'entend bien mieux avec sa fille désormais ; le temps qu'elles ont passé éloignées l'une de l'autre leur a offert la respiration dont elles avaient besoin pour se reconnecter. Les cheveux de Donna ont continué à grisonner, mais à un rythme tout à fait normal.

Faites un pas de côté pour vous mettre sur la bonne voie.

Aujourd'hui, je veux vous voir troquer les doutes, la frustration et l'impatience concernant votre habitude contre une dose d'aisance, de joie et de foi en l'Univers. Vous créez ce sur quoi vous vous focalisez, aussi je veux que vous passiez la journée à vous abstenir de vous focaliser sur votre habitude, puisqu'elle fait partie de ce que vous êtes. Entrez dans cette danse subtile où vous prenez des mesures tout en restant indifférent au résultat.

1. **Faites « comme si ».** Nous avons travaillé sur le fait de vous comporter comme si vous étiez déjà la personne que vous allez devenir, mais aujourd'hui, je veux que vous le fassiez au moment d'honorer votre habitude (ou de refuser de vous plier à votre ex-habitude). Alors que vous en effectuez les gestes, efforcez-vous d'y réfléchir aussi peu que possible. Traitez-en le déroulement : « Oh, ça ? » Ignorez votre habitude. Soyez plein d'assurance : bien sûr que vous procédez de cette manière, puisque vous êtes comme ça.

2. **Pratiquez la gratitude.** Soyez reconnaissant d'être déjà ce que vous rêvez d'être, d'avoir intégré cette habitude, de vivre sans effort la vie de votre choix, de voir se bousculer au portillon tout ce que vous désirez. Cet état d'esprit est l'une des façons les plus efficaces pour lâcher prise, parce que vous ne pouvez pas éprouver à la fois de la gratitude et du désespoir. La gratitude vous ancre dans le moment présent et vous place au-dessus de tout jugement quant à vos échecs passés, et de toute anxiété sur vos foirages futurs. En gros, la gratitude vous permet de vous installer confortablement, d'apaiser votre esprit et de recevoir enfin tout ce pour quoi vous avez travaillé.

3. **Apprenez la confiance et le lâcher-prise.** Abandonner et contrôler sont les deux faces opposées d'une même énergie. Le contrôle, c'est la résistance. L'abandon, c'est l'accepta-

tion. Avec le contrôle, vous croyez savoir ce qui est le mieux. Avec l'abandon, vous croyez en un Univers qui œuvre à travers vous. Le contrôle, c'est la peur. L'abandon, c'est la foi. Lorsque l'on met toute son énergie à courir après ce qu'on veut, au point de se blanchir les jointures et de forcer jusqu'à l'épuisement, on risque de perdre de vue ses désirs et, à la place, de se connecter à la peur et au manque. Plus on résiste, plus ça persiste : quand vous résistez à la tentation de faire la grasse matinée, de manger du gratin de macaronis, de regarder la télé jusqu'à avoir les yeux carrés, vous êtes tourné vers ce que vous ne voulez ou ne pouvez pas avoir au lieu de penser à ce qui vous enthousiasme. L'abandon vous autorise à vous détacher de la peur pour vous ouvrir à l'infini des possibles. Je le répète, c'est une danse délicate, dans la mesure où nous avons absolument besoin d'agir en étant concentrés sur notre objectif, mais il faut que cela ait lieu dans un état d'abandon, de foi et d'attente enthousiaste.

Aujourd'hui, au moment de votre habitude, traquez la peur de l'échec, des erreurs du passé qui pourraient se reproduire, la frustration face au temps que prennent les choses, et réorientez votre esprit sur des pensées plus libératrices liées à vos progrès, à votre incroyable capacité d'évolution, et à ce don merveilleux qu'est votre vie.

4. Méditez. Une fois de plus, le bon vieux « On pose ses fesses et on la boucle » est la voie du succès. Même cinq minutes de méditation quotidienne peuvent vous aider à vous relier à la paix et à la puissance qui résident en permanence en vous (au lieu de vous faire hameçonner par la peur et les distractions permanentes). Fermez les yeux, mettez tranquillement de côté les pensées qui surgissent dans votre tête, et confiez les rênes à l'Univers.

À présent, prononcez votre mantra. Déclamez-le à voix haute, dans votre tête, répétez-le toute la journée, ressentez-le, lisez-le, aimez-le, croyez-le, et prenez-y du plaisir. Devenez votre mantra, répétez-le, et puis répétez-le encore. Dites-le au réveil et dites-le juste avant de vous endormir.

JOUR 21
RÉJOUISSEZ-VOUS, RELISEZ-VOUS, REMANIEZ, RÉPÉTEZ

Ta-daaam ! Il faut marquer le coup pour cette journée spéciale. Que vous ayez franchi ces vingt et un jours haut la main ou que vous ayez trébuché quelques fois, ce qui compte, c'est que vous êtes toujours là. Fêtez ça (je suis sérieuse) avec quelque chose de significatif ; offrez-vous un bon resto, annoncez votre succès sur les réseaux sociaux ou faites-vous livrer une corbeille de fruits. Nous sommes devenus experts pour nous flageller en cas d'échec et bâiller d'ennui face à nos réussites, comme s'il était plus noble de se dénigrer que de s'auto-congratuler ; prenons le parti de renverser les choses. Rappelez-vous que les habitudes ne parlent que de ce que vous êtes, alors prenez l'habitude de vous pardonner vos ratages et d'apprécier votre génie. Notez comment vous allez célébrer ce moment historique, puis faites-le. Tout de suite.

J'aimerais aussi que vous relisiez votre carnet pour vous préparer une antisèche en notant les exercices qui ont le mieux fonctionné pour vous. L'idée est de réunir vos outils les plus efficaces au même endroit : faire un pari avec quelqu'un de terrifiant, réaliser un suivi de votre habitude, laisser votre téléphone dans votre voiture quand vous êtes au travail, ou décrocher un job d'animateur sur un bateau de croisière pour jouer votre sketch pas encore écrit. Soyez précis quant aux détails des exercices qui vous ont aidé, et répétez-les jusqu'à ce que la question de votre habitude ne se pose plus. Peut-être avez-vous décidé qu'il vous fallait reprendre les vingt et un jours depuis le début, peut-être avez-vous seulement retenu une poignée d'exercices, peut-être vous sentez-vous prêt à voler de vos propres ailes parce que vous avez parfaitement pris le pli… Où que vous en soyez, plus vous êtes lucide, mieux vous réussirez.

Enfin, revoyez votre mantra, pour le faire évoluer si vous en ressentez le besoin. Vous n'êtes plus au début du processus, et les mots qui touchaient alors un point sensible ne sont peut-être plus aussi forts, maintenant que votre habitude est installée depuis quelques semaines. Si votre mantra est « L'argent coule vers moi facilement et librement » et que l'habitude de faire rentrer plus d'argent est désormais ancrée, vous n'avez peut-être pas encore atteint votre objectif financier, mais vous avez bazardé la croyance chafouine selon laquelle vous avez du mal à gagner de l'argent, et vous êtes désormais quelqu'un qui s'en sort assez bien. Revenez au jour 1 et examinez de nouveau votre désir de gagner davantage d'argent, en observant ce qui apparaît maintenant que vous retirez la première peau du « Je galère pour gagner ma vie ».

À présent que l'argent rentre, peut-être que vous ressentez la peur que ça ne dure pas. Alors, votre nouveau mantra sera quelque chose du style : « L'argent coule vers moi en abondance et sera toujours à ma disposition. » Déterminez où vous en êtes (nouveau niveau, nouvel objectif), et si votre mantra a besoin d'un petit lifting, mettez-vous au travail.

Nous sommes tous à l'école de la vie, et vous consacrez votre seule et unique tentative à viser la médaille d'or au lieu de traîner dans la cour des fumeurs en vous persuadant que c'est cool d'avoir l'argent ou le bronze. Rien que ça, ça mérite d'être célébré.

À présent, prononcez votre mantra. Déclamez-le à voix haute, dans votre tête, répétez-le toute la journée, ressentez-le, lisez-le, aimez-le, croyez-le, et prenez-y du plaisir. Devenez votre mantra, répétez-le, et puis répétez-le encore. Dites-le au réveil et dites-le juste avant de vous endormir.

J'ai pris l'habitude de me fixer des objectifs (Lisa, 36 ans)

J'ai toujours pensé que les objectifs, c'était un truc d'obsédés du contrôle, et je ne suis pas comme ça ! Je ne voulais pas être cataloguée comme la nana qui a prévu d'avoir un bébé dans cinq ans ou de réussir à passer chef de projet à la con au bout de deux ans. Et puis je me suis retrouvée coincée dans une sale relation amoureuse, et je ne pouvais pas partir parce que je travaillais dans une association à l'époque, donc je n'avais pas l'argent pour déménager. Il a fallu que je réfléchisse vraiment à la façon dont j'allais prendre soin de moi et me sortir de cette situation. C'est comme ça que j'ai réalisé que merde, il fallait que je me fixe des objectifs.

Je ne m'en étais pas rendu compte, mais j'avais l'habitude de prendre simplement les choses comme elles venaient. Je n'étais pas aux commandes de ma vie, et j'étais dans le déni par rapport à ça ; je ne voulais pas affronter mes problèmes et prendre mes responsabilités, résultat, je m'étais fourrée dans une situation impossible. Alors, j'ai pris cette décision de me fixer des objectifs et je me suis astreinte à faire des choix conscients et avisés dans ma vie, au lieu de laisser les choses pourrir en espérant qu'elles allaient s'arranger d'elles-mêmes.

Mon premier objectif a été de prendre des cours de gestion immobilière et d'obtenir un diplôme ; ce que j'ai fait. Puis j'ai décidé de m'impliquer à fond dans cette nouvelle voie pendant un an pour voir si ça me plaisait. Je suis restée patiente et concentrée sur cet objectif, sans chercher à brûler les étapes. Ce n'est pas évident de se débroussailler un tout nouveau chemin… c'est douloureux et inconfortable, mais ça vaut TELLEMENT le coup, non ?! Ce que j'ai le plus transformé, c'est ma mentalité. Vous ne pouvez pas trouver plus cynique que moi, et pourtant, j'ai fait un putain de *vision board*. Pour de vrai. J'ai découpé des petites images comme la pizza que je voulais manger lors de mon voyage en Italie et la maison où j'avais envie de vivre, et j'ai tout collé sur un grand carton… Et cette connerie de tableau a fonctionné. J'ai alors décidé que je pouvais être ouverte à d'autres manières de réfléchir, que je n'avais pas à craindre de parler de mes inquiétudes ni de demander de l'aide, que je pouvais même hurler « JE SUIS PRÊTE » dans le vide au milieu d'inconnus s'il le fallait. Tout ce qu'il fallait faire, je l'ai fait.

Ce sont généralement les choses qu'on a le moins envie de faire qui changent le plus la vie.

Je me suis fixé des objectifs par rapport à la somme d'argent que je voulais gagner, j'ai décidé de viser la vente d'au moins une maison par mois, de souscrire à un plan d'épargne retraite, d'acheter une maison, de voyager et de faire plus de dons aux associations. J'ai commencé à méditer et à m'abreuver de bonnes ondes pour m'aider à atteindre mes objectifs, que je me suis mise à exprimer plus clairement. J'ai cessé de penser que l'argent, c'est mal. J'ai commencé à faire plus de dons. Mon amour-propre a évolué à bien des égards, et je me suis sentie capable de mettre fin à ma relation amoureuse et de récupérer l'espace libéré pour m'épanouir.

À présent, j'ai encore plus de succès que ce que j'avais escompté, j'adore mon boulot, j'ai doublé mon objectif de départ et je vends au moins deux maisons par mois. Je viens d'obtenir mon agrément de courtière en bourse pour pouvoir monter ma boîte, et je me fixe sans arrêt de nouveaux objectifs. Des gros. Ne cessez jamais d'y croire.

CHAPITRE 5

L'AUDACE D'ÊTRE VOUS-MÊME

Un jour – j'avais alors une vingtaine d'années –, je traînais dans mon appart de Manhattan avec mon petit ami de l'époque. Sur la table du salon, il y avait une grande coupe dans laquelle j'avais entreposé des centaines de photos datant de diverses époques de ma vie, et nous buvions des bières en regardant ces photos. De mon côté, je faisais semblant de les regarder ; en réalité, je triais toutes celles sur lesquelles je me trouvais cool ou sexy pour les glisser sur le dessus de la pile afin que mon petit ami les voie. Malheureusement, il n'arrêtait pas de farfouiller au fond de la coupe, ignorant mes offrandes, et il a fini par en sortir une où j'avais environ 16 ans. J'étais devant chez une copine, avec mes longs cheveux mal coiffés, mes bras trop maigres, zéro poitrine en vue, et je portais un tee-shirt bleu avec l'inscription naze : « *To a tennis player, love* *means nothing**. » Sur cette photo, je suis en outre occupée à m'empiffrer de chips au fromage et j'explose de rire, la bouche pleine de Doritos.

J'ai essayé de lui refiler l'air de rien une photo de moi sur scène, équipée d'une minijupe et d'une guitare électrique. « Oh là là, il faut que je te raconte l'histoire complètement dingue qui m'était arrivée ce soir-là… », mais il s'est contenté de regarder de plus près la photo qu'il tenait déjà.

— Qu'est-ce qu'il y a de si fascinant avec cette photo ? ai-je demandé, pas du tout intéressée.

— J'sais pas… Elle dégage un truc que j'adore. Ça doit être parce que c'est vraiment toi, là-dessus.

Toute cette histoire de développement personnel (adopter de meilleures habitudes, sortir de votre zone de confort, élargir votre perception de la réalité, tout déchirer) n'est pas une compétition qui signifie qu'on a enfin « réussi » une fois qu'on l'a franchie. Pas plus que la quête d'un meilleur soi n'est censée vous donner l'impression d'être un raté si vous n'avez pas de pensées positives, que vous ne restez pas aussi concentré qu'un rayon laser sur vos objectifs clairement définis ou que vous ne faites pas claquer vos talons en débordant d'amour-propre et de bonheur nuit et jour. (Vous imaginez à quel point ce genre de personne serait *insupportable* ?)

---

* « Pour un joueur de tennis, l'amour ne veut rien dire. » Le mot *love* (« amour ») est également utilisé au tennis pour indiquer un score nul. Ainsi, 40-0 par exemple se dira « *forty-love* ».

Non, tout ce travail consiste à vous donner l'espace, les moyens, l'information, la motivation et la permission pour être l'expression la plus authentique de votre véritable moi.

Être authentique signifie aimer ceux que vous aimez, aller au bout de ce qui vous intéresse, rire des conneries qui vous amusent, et lutter pour ce qui vous paraît juste. Être authentique veut dire aussi que vous vous donnez la permission de changer d'avis, de faire des erreurs, d'être une connasse, de demander pardon, d'être triste, solitaire, débile, et feignasse. La véritable authenticité signifie que vous vous ouvrez à tout votre être, le moi qui monte sur scène pour jouer du rock en mini-jupe *et* le moi qui se goinfre de Doritos en se demandant si la puberté va finir par arriver un jour, bordel.

Durant ce travail, considérez ces habitudes que vous cultivez comme des occasions de faire scintiller les diamants de votre authenticité, au lieu de les voir comme la preuve que vous devenez enfin une personne disciplinée, et par conséquent plus acceptable socialement.

Lorsqu'on développe de bonnes habitudes, le but n'est pas de viser la perfection, mais d'être davantage soi-même.

Prendre l'habitude d'écrire tous les matins, c'est exprimer votre désir de vous relier à autrui à travers vos phrases, des phrases où transparaît votre voix et qui font bravement part de votre ébouriffante vision du monde à vos lecteurs. Prendre l'habitude de manger mieux et de perdre du poids, c'est répondre à votre désir de vous sentir plus léger, en meilleure santé et plus connecté à la manifestation physique de votre être unique, également appelé votre corps. Même l'habitude de faire votre satanée vaisselle tous les soirs correspond à votre désir de remettre de l'ordre dans votre vie et de vous accorder de l'importance ainsi qu'à votre environnement, pour rendre le monde meilleur et moins envahi par les fourmis.

Durant le processus d'acquisition de votre nouvelle habitude, sachez qu'il y aura des flaques d'huile sur lesquelles vous déraperez : vous resterez au chaud sous votre couette et sécherez votre jogging sur le tapis de course avant de partir au travail, et vous exploserez en jurons derrière votre volant, à l'opposé de votre serment de ne plus être un trouduc en voiture. La question n'est pas de savoir si vous allez déraper, mais comment vous allez choisir de réagir le moment venu. Il est crucial de remonter en selle le plus vite possible, mais que diriez-vous d'en profiter aussi pour vous pardonner immédiatement, au lieu de perdre un temps monstrueux à vous flageller ou à vous lamenter sur votre nullité ? Et si, à toutes les futures habitudes dans lesquelles vous allez vous embarquer, vous ajoutiez systématiquement l'habitude bonus de vous autoriser à être humain, et donc imparfait ?

Et si vous aviez pour vous-même la compassion que vous avez tendance à réserver aux autres ?

J'ai assaisonné ce livre d'histoires vraies de personnes ayant identifié une habitude qu'elles souhaitaient modifier, et ont adopté un état d'esprit qui leur permettait d'attaquer leur objectif comme si leur vie en dépendait. Et même si j'adore écouter tous les détails captivants sur la façon dont les humains réussissent, gardez en tête qu'il est plus facile de voir l'évolution d'un processus d'acquisition ou d'abandon d'une habitude lorsqu'on a l'avantage du recul, et la capacité à mettre de côté le détail de tous les faux pas et autres moments de ridicule par lesquels on passe inévitablement. Non seulement ces personnes ont été capables de regarder en arrière et de voir comment s'est ancrée leur habitude, mais elles ont pu remarquer comment certaines coïncidences ou activités qui paraissaient ne présenter aucun lien à l'époque ont servi à renforcer le nouveau schéma comportemental qu'elles visaient.

Lorsque vous avancez courageusement dans ce processus, il est possible que vous ne reconnaissiez pas les astuces qui vous aident à franchir les obstacles. Peut-être ne remarquerez-vous pas que votre nouvelle obsession d'aller observer la progression de la fourmilière derrière votre garage tous les matins au réveil vous aide à vous centrer avant d'aller vous asseoir à votre bureau. Faites confiance à votre intuition, ne remettez pas en question les trucs qui vous font du bien s'ils n'affectent pas vos progrès et rappelez-vous que le simple fait de revenir jour après jour en faisant de votre mieux est un acte qui mérite des félicitations.

Nous vivons dans une culture obsédée par la réussite et les objectifs. Et même si je suis une mordue des moments où j'en mets un bon coup, je n'aime pas en revanche que ce soit aux dépens de mon amour-propre. Nous devons refuser cette tendance trop répandue qui consiste à se vautrer dans la peur et la honte, et célébrer plutôt la compassion, les foirages monumentaux et la vulnérabilité. Pensez aux gens de votre entourage que vous aimez. Ils vous émerveillent quand ils font des trucs super, ils vous épatent quand ils affrontent leurs craintes, et vous dansez de joie autour d'eux quand ils réussissent l'examen du barreau. Mais ces potes, vous les aimez aussi parce qu'ils ne s'aperçoivent pas qu'ils ont du guacamole au coin de la bouche, parce qu'ils pleurent à la remise des diplômes et parce qu'ils avaient l'air tellement perdus et apeurés le jour où ils ont dû télécharger un nouveau système d'exploitation sur leur ordinateur.

La véritable connexion humaine se produit lorsque nous sommes vulnérables, pas quand on nous remet la médaille d'or. Je pense que cet attrait naturel pour la vulnérabilité est la raison pour laquelle nous sommes totalement incapables de détacher notre regard des bébés. Évidemment, les bébés sont mignons et tout (en règle générale ; j'en ai vu certains qui ressemblaient clairement à des tortues ou à de gros camionneurs), mais je crois que nous sommes fascinés parce que nous savons à quel point ils sont fragiles et sans défense. Regarder un bébé, c'est comme se brancher directement sur la veine principale de la vulnérabilité humaine ; cette force est si envoûtante que nous ne pouvons que dévisager le bébé, jusqu'à ce que sa mère tire sur la poussette, se dépêche ou nous décoche un regard perçant comme pour mémoriser la tête qu'on a, juste au cas où.

Nous avons tous en nous un bébé potelé que nous avons enfoui au fil du temps pour essayer de survivre. Et même si un monde rempli d'adultes trébuchants et ouvertement démunis ne serait utile pour personne, nous avons poussé trop loin la tendance inverse. Nous nous sommes accoutumés au fait d'avoir peur et honte de nos côtés les plus tendres, ce qui nous coupe de la connexion, de la sérénité et du bonheur que nous désirons si profondément.

Ce chemin vers l'acquisition d'une habitude que vous chérissez, utilisez-le comme le moyen d'aller au-delà de la noble réalisation d'un objectif. Profitez-en pour construire une relation plus intime avec votre moi le plus authentique. Réalisez qu'embrasser pleinement ce que vous êtes consiste à accepter toutes les dimensions de votre être ; lorsque vous êtes le plus victorieux, lorsque vous piquez vos plus grosses colères, et lorsque vous êtes le plus vulnérable.

L'amour-propre n'a rien à voir avec la perfection.

Donnez-vous la permission d'être, de faire et d'avoir tout ce qui illumine votre cœur, et pardonnez-vous vos bourdes et vos errances au long du chemin. Avoir de l'amour pour tout ce que vous êtes, c'est simplement une habitude, une habitude qui vaut carrément le coup.

REMERCIEMENTS

Merci à vous les badass, qui persévérez jour après jour. Quand vous changez votre vie, vous en changez d'innombrables autres autour de vous, et vous avez carrément changé la mienne aussi, alors merci merci merci ! Merci à tous ceux qui ont contribué avec leurs récits personnels et m'ont aidée à écrire ce livre – que leur histoire se trouve dedans ou pas. Je ne citerai pas de noms pour préserver votre anonymat, mais je n'aurais pas pu faire ce travail sans vous, aussi je vous suis infiniment reconnaissante d'avoir pris le temps de me rendre cet énorme service. Merci à ma formidable éditrice, Laura Tisdel, qui a donné naissance à mes livres contre vents et marées. Je crois bien que cette fois-là, c'était carrément une tempête (et malgré tout, on s'est bien marrées) ! Merci à ma talentueuse agente, Alexandra Machinist, d'être toujours là pour assurer mes arrières, et avec qui le boulot ressemble à un apéro en compagnie de ma meilleure copine. Merci à l'équipe de choc : Nate Meltzer, Shannon Twomey, Lydia Hirt, Ciara Johnson, Shelby Meizlik, Brooke Halsted, Gabriel Levinson, Jason Ramirez, Jane Cavolina, Cassandra Garruzzo, Hilary Roberts, et Meredith Clark. Merci à Rembert et à Squiggle Block, les meilleurs compagnons de pandémie qui soient, d'avoir été à mes côtés et de m'avoir évité de devenir dingue en écrivant ce livre. Merci à ma famille (de sang et de cœur) incroyable pour son amour et son soutien depuis des années. Vous seriez trop nombreux à citer, mais j'aimerais en remercier quelques-uns plus particulièrement pour m'avoir aidée à devenir une meilleure écrivaine et une meilleure oratrice, et à qui j'emprunte (je vole ?) pas mal de reparties depuis toujours : Maman, Papa, Steve, Jill, Bob, Cynthia Greenberg, Tania Katan, Elissa Breitbard, Kim Green, et Tami Abts. Merci à Gecko pour m'avoir aidée notamment à garder la tête froide pendant l'ouragan écriture-tournée promotionnelle-travaux de rénovation. Merci à Shannon Waldner, ma première sorcière.

NOTES

NOTES

NOTES

NOTES

Achevé d'imprimer en Italie par Rotolito
Pour le compte des Éditions Marabout (Hachette Livre)
58, rue Jean-Bleuzen, 92178 Vanves Cedex

Dépôt légal : juin 2021
ISBN : 978-2-501-15985-2
4198414 – Ed. 01